唐朝往事系列

耿元骊 主编

# 唐朝官制

## 三省六部建典范

李航 著

辽宁人民出版社

图书在版编目（CIP）数据

唐朝官制：三省六部建典范 / 李航著 . —沈阳：辽宁人民出版社，2025.1. —（唐朝往事系列 / 耿元骊主编）. —ISBN 978-7-205-11236-3

Ⅰ. D691.42-49

中国国家版本馆 CIP 数据核字第 20244N58T4 号

出版发行：辽宁人民出版社

地址：沈阳市和平区十一纬路 25 号　邮编：110003

电话：024-23284191（发行部）　024-23284304（办公室）

http：//www.lnpph.com.cn

印　　刷：天津光之彩印刷有限公司

幅面尺寸：145mm × 210mm

印　　张：10.25

字　　数：165 千字

出版时间：2025 年 1 月第 1 版

印刷时间：2025 年 1 月第 1 次印刷

责任编辑：赵维宁

助理编辑：姚　远

封面设计：乐　翁

版式设计：一诺设计

责任校对：吴艳杰

书　　号：ISBN 978-7-205-11236-3

定　　价：78.00 元

# 总　序

## 盛唐：中华文明的辉煌时代

唐朝有自己独特的气质。当我们提起唐朝，经过长达千年集体记忆形塑，大概每一个华人都会立刻呈现一幅宏大画卷萦绕脑海，泱泱大国典范形象勃现眼前，甚至还会莫名有一种自豪感油然而生。三百年波澜壮阔（实289年），四千位杰出人物（两《唐书》有姓名者约数），五千万烝民百姓（开元载簿约数，累计过亿），共同在欧亚大陆东端上演了一出雄浑壮丽、辉煌灿烂的人间大剧。

唐朝在中国历史上有着巍然的地位。它海纳百川，汲取万方长处；自信宏达，几无狭隘自闭之风。日本学者外山军治以域外之眼，推崇隋唐时代是“世界性的帝国”，自有其独到眼光。唐代在数百年乱世基础上，在经历多次民族大融合之后，引入周边各族之精英及其文化，融合再造生机勃勃的新一代文化，从而使以华夏文明为中心的中原文明再次焕发出生机与活力。唐朝，也成为中华文明辉煌的时代。如果在朝代之间进行比赛，唐代在大多数项目上都能取得前几名，“唐”也与“汉”共同成为中华代称。

唐朝有着空前辽阔的疆域。其开疆拓土之勇猛气概与精细作业之高超能力，一时无双。皇帝的“天可汗”称号，使唐成为周边各区域政权名义共主。这是一个大有为的豪迈时代，自张骞通西域以来，再次大规模稳定沟通西域，所谓“是时中国盛强，自安远门西尽唐境凡万二千里，闾阎相望，桑麻翳野”。在南方则形成了稳定通畅的广州通海夷道，大概是同时代世界上最远的航路。杜环、杨良瑶在中亚游历，促进了东西方海路沟通，大批波斯、大食商人来到广州，唐代和中亚、西方直接往来越来越密切，唐帝国是世界舞台上的优胜者。

大唐独有气质、巍然历史地位、空前辽阔疆域，共同形成了“盛唐气象”。“盛唐气象”也从最初描绘诗文格调的形容词，逐渐转变为唐代整个社会风范的代名词。“盛唐”逐步成为描绘唐朝基本面貌最常用词语，一个典范概括。唐朝各个方面，都呈现出进取有为和气质昂扬的面貌，无论是精神、文化还是生活上，都展现了独特时代风貌，其格局气势恢宏，境界深远，深深体现在盛唐精神、文化、生活等各个方面。

**盛唐的精神**

大唐精神体现在何处？首先是开放的心态，其次是大规模的制度建设。没有开放心态，就不会建成这些制度。唐朝有传统时代最开放的万丈雄心，不自卑，也不保守，更没有“文化本位主义”的抱残守缺。上层统治群体胡人血统很深，胡汉通婚情况很普遍，社会氛围基本不强调排外。唐高祖母独孤氏，太宗母窦氏、皇后长孙氏，这些都是鲜卑人。“胡客留长安久者，或四十余年”，来华的日本人很多在唐娶妻生子，大食国李彦、朝鲜半岛崔致远等，都考中进士，日本人阿倍仲麻吕进士及第后还当过官员。华夷观念上，没有鲜明对抗。唐朝人不自限天地，也不坐井观天。

在制度建设方面，唐朝延续了隋朝之初创，多方面建立了模板标杆，后代仿而行之，千年而未改，是盛唐精神最佳外在表现。在中央行政体制上，建立了完善的三省六部制，其体制健全，运行相对其他制度较为顺畅。结束了家国一体、门阀政治局面，以皇帝为核心，建立官僚政治制度，以严密官僚体系，分门别类推动行政运作，这个基本框架和运行模式历经改良在后世得到了长期沿用。在法律上，唐代创建了律令格式体系，形成了中华法系。特别是唐律，不仅仅在中国，在东亚历史上都有着重要地位，得到了长期沿用。在科举体制上，进一步完善科举模式，也得到了长期沿用。科举公平考试最受益者无疑是寒素出身者，推动并加快了社会阶层流动速度。在礼制这个社会等级秩序最鲜明标志物的建设上，唐代也有着最大贡献，形成了最早的国家礼典，在东亚文化体系当中影响巨大。

盛唐时期昂扬向上，走在各方面都开创事功的道路上，能出现贞观之治、开元盛世新局面，也就不足为奇。虽然安史之乱打破了原有局势，但是它并没有颠覆已经形成的大格局，所以唐朝仍能继续维系百年以上。

### 盛唐的文化

唐朝是文化的时代，各种艺术形式都让人有如臻化境之感。大唐是诗之国度，唐诗是诗之顶峰，唐诗至今仍是我们中国人日常最爱古典文化，谁不能脱口而出一两句唐诗呢！唐诗厚重与灵巧并重，对现实、人生总是充满着昂扬奋发的精气神，所体现出的时代精神是那么刚健、自豪！读李白诗，不由得让人有意气风发之感。读杜甫诗，不由得起家国之深思。才气纵横如李白，勤思苦练如杜甫，是唐诗当中最亮的双子星。读边塞诗，似亲行塞上，悲壮深沉。读田园诗，则宁静致远，平和悠适。即使安史之乱以后，大唐仍然有元稹、白居易、韩愈、柳宗元等诸多诗文大家。韩、柳更是开启古文运动，兴起一代文体新风。无论是诗还是文，大唐诗人都已长领风骚千年之久。即使到了白话文广泛通行的今日，唐诗、古文又有哪个华夏子孙不读之一二呢？

而绘画、书法、舞蹈与音乐、史学等都在中国历史上具有重要意义，是前此千年的总结，又是后此千年的开创。吴道子是唐代最有名的天才画家，“吴带当风”，被称颂为“气韵生动”，自成一派；而山水画也开始兴起，出现了文人画，两派画风都深深影响了宋朝人审美趣味，流风余韵至今日。书法在本质上已经脱离了记录符号，其实也是一种绘画，是绘画和文字本身含义的结合体。唐代书法大盛，书法理论自成一格。前期尊崇王羲之书法，盛唐之后形成了张旭草书新体，书风飘逸；又形成了颜真卿楷书，端庄正大，成为至今通行常用字体，其影响可谓远矣。舞蹈与音乐更是传统时代的顶峰，太宗时形成“十部乐”，广泛引入了域外曲调。盛唐时代，更是从玄宗到乐工，都精于音律，《秦王破阵乐》《霓裳羽衣曲》大名流传至今。唐代史学承前启后，《隋书·经籍志》确定了史部领先子、集的地位，一直沿用到《四库全书》。纪传体成为正史唯一体裁，也是在唐代得以确立，“二十四史”由唐朝修成有8部之多。设史馆，修实录，撰国史，成为持续千年的国家规定动作，影响之大，自不必言。

文化是盛唐精神的最佳展示，是大唐时代风貌的具象化展示，表达了全社会的心理和情绪。

**盛唐的生活**

盛唐时代经济富庶，生活安定，杜甫有一首脍炙人口之史诗可为证："忆昔开元全盛日，小邑犹藏万家室。稻米流脂粟米白，公私仓廪俱丰实。"这就是唐代经济社会繁盛的形象化表述。盛唐时代，"天下大稔，流散者咸归乡里，……东至于海，南及五岭，皆外户不闭，行旅不赍粮，取给于道路"，几乎是到当时为止农业经济条件下，所能取得的最高峰。南方特别是江南得到了广泛开发，开元、天宝之时，长江三角洲开发已经取得了显著成绩，工商业更加发达，经济水平在全国取得了领先性地位。

盛唐时代，也是宗教繁荣时代。高宗建大慈恩寺，请玄奘译经。武则天更是深度利用佛教，在全国广建大云寺，推动了佛教大发展。玄宗尊崇密宗，行灌顶仪式，成为佛弟子。除唐武宗灭佛之外，唐代其他皇帝基本是扶持利用佛教。在中国历史上，唐代是佛教全盛时代，整个社会笼罩在佛教影子之下。唐朝也崇信道教，高祖自称老子后裔，高度推崇道教，借道教提高李氏地位，建设了一大批道教宫观。太宗规定道士地位在僧人之前，高宗追封老子，睿宗两个女儿出家入道。玄宗对老子思想高度赞赏，尊《老子》为《道德真经》，并亲自为其注释，颁行全国。

在唐代社会生活中，婚姻、丧葬、教育、养老是最重要的内容。盛唐时代，婚姻仍然非常看重门第，观察对方家族的社会名望和地位，对等才能让子女结合，基本实行一夫一妻多妾制。丧礼是社会关系确认重要标志，唐代有厚葬之风。在丧葬仪式方面，朝廷出台了官方规定，形成了系统化、程序化仪式。教育在盛唐时代也被高度关注，中央设立六学二馆，地方上设置了郡学和县学，开元时期全国各州县普遍设学。唐朝强调以“孝”治国，唐玄宗亲自为《孝经》作注，提高了老人地位，对老人提供各种礼节性待遇。

盛唐时代，虽然围绕最高权力争夺不断，但是百姓生活尚称安乐。然而，“渔阳鼙鼓动地来，惊破霓裳羽衣曲”，大唐转折来得也很猛烈，安史之乱对盛唐造成了重大伤害。另外，在我们对大唐赞叹有加的同时，不得不说，唐代短板也很多，特别是原创思想开拓性不足，微有遗憾。在传统时代唐朝所具有的开放性足以为傲，但是对其相对的封闭性也要有明确认识，值得思考。唐朝社会精英可以对外开放，但是普通百姓必须遵守牢笼规则，遍布长安的高墙和里坊就是佐证。大唐女性，看起来可以袒胸露乳，气质昂扬，独立自主，但只是少部分贵族妇女。大部分普通女性，还是生活在枷锁之中，虽然还没有裹脚这种身体残害，但是被禁锢的附属品命运还是传统时代所常见。

总之，唐朝个性鲜明，“大一统”最终成为定局。在唐朝之前，只有汉朝在一个较长时期内落实了大一统。隋朝虽然恢复了大一统体制，但是流星般的命运让它没有时间稳固大一统。唐朝立国稳定，最终把大一统定局为中华政体的深层底蕴结构，从此，大一统有了稳定轨道和天然正义性，延续千年，成为中华民族社会心理的共同基本。

如此唐朝，谁又不爱，谁又不想了解呢？然而时代变迁，让每个人都从史籍读起，显然不可能。虽然坊间关于唐代的读物已有不少，其中品质高超者也为数甚多，但是在文史百花园当中，自当要百花齐放，因此即使关于唐朝的普及性读物已经汗牛充栋，我们还是要在这著述之海当中，继续增加一些新鲜气息，与读者共赏唐朝之美！我们曾表达过，孟浩然“人事有代谢，往来成古今”最能代表我们的心声。没有人，没有事，也就没有历史。见人，见事，方见历史。所以，我们愿意努力在更多维度上为读者提供思考和探寻唐代历史的基础，与已经完成的“宋朝往事”略有不同，在人和事两方面基础上，增加了典制内容。大唐三百年历程，人事繁杂，典制丰富。我们采中国传统史学模式当中的纪事本末、列传、典制体裁之意，并略有调整，选十事、五人、五专题进行定向描绘，各书文字流畅，线索清晰，分析准确精当，且可快速读完。希望读者能和我们一起从更多维度观察唐、了解唐、思考唐，回首“唐朝往事”。

公元617年，留守晋阳（今山西太原）的唐国公李渊起兵，拉开了大唐王朝序幕，攻势如破竹，一年不到就改换了天地。虽然正史当中塑造了一个平庸的李渊形象，但是实情是没有李渊的方略和能力，就不会建成大唐。玄武门之变，兄弟刀兵相见，血流成河；父子反目，无奈老皇退位。从玄武门之变到出现贞观之治，二十多年时光，选贤任能、开疆拓土、建章立制，李世民留给世界一段值得长期探讨、反复思考的“贞观”长歌。太宗才人武媚，与高宗李治一场姐弟恋，却开创了大唐一段新故事。武周霸业，建神都洛阳，成就武则天唯一女皇。神龙元年（705），李武势力默认，朝臣积极推动，“五王”主导政变成功，女皇被迫退位，重新成为李家儿媳。此后十年间，四次政变，四次皇位更迭，大唐核心圈就没有停止过刀光剑影，但是尚未伤到帝国根本。玄宗稳定了政局，“贞观之风，一朝复振”，再开新局，开放又自由，包容又豁达，恢宏壮丽的极盛大唐就体现在开元时代。

“开元盛世”四字，至今脍炙人口。

盛极而衰，自然之理。盛世接着就是天宝危机，酿成安史之乱。这场大变乱，改变了中国历史走向，时间长，范围广，破坏大，影响深。战乱过后，元气大伤。河朔藩镇只是名义上屈服，导致朝廷也只能屯兵防备。彼此呼应，武人势力极度膨胀，群雄争霸，朝廷无力。唐宪宗元和时代，重新形成了短暂振兴局面，这也是唯一一位能控制藩镇的皇帝，再次构建了由中央统领的政治秩序。元和中兴也成为继开元盛世后，大唐王朝最后一次短暂辉煌。宪宗身后，朝廷局势一天不如一天，穆宗、敬宗毫无能力，醉生梦死。文宗时代，具体操办政务运行的朝臣，以李德裕、牛僧孺各自为首的政治集团党争不断，势同水火，“去河北贼易，去朝中朋党难”。宦官权重，杀二帝，立七君，势力凌驾皇权之上。导致皇帝也难以忍受，文宗试图利用“甘露之变”诛杀宦官，但是皇帝亲自发动政变向身边人夺权功败垂成，朝臣一扫而光，大唐也就踏上了不归路。

大唐功勋卓著的名人辈出，自不能逐一详细介绍，只好有所选择。狄仁杰，我们心目中的“神探”，实是辅周复唐大功臣，两次为相，为君分忧，为民解难。特别是劝说武则天迎回李显，又提拔张柬之等复唐主力人物。生前得到同时代人赞誉，死后获得了后世敬仰。郭子仪在战乱中显露英雄本色，平安史，击仆固，退回纥，是力挽狂澜的武将代表。长期位极人臣，生活在权力核心地带，谨慎经营，屹立不倒，“完名高节，福禄永终”，可谓文武双全，政治智慧超群。上官婉儿是唐朝著名女性代表，有着出色的文字能力，是可以撰拟诏敕的“巾帼宰相”，还可以参与军国权谋，但命运多舛，未有善终。近年来墓志出土，形成了一波婉儿话题。韩愈，千古文宗第一人。谏迎佛骨，显示了韩愈风骨。一代文化巨人，“匹夫而为百世师，一言而为天下法”，努力振兴儒学，文起八代之衰，推动“古文”运动，千年之后，仍然能够感受到他的影响。陆羽，唐代文人的代表，撰写了世界上第一部茶叶专著——《茶经》，号为“茶圣”，影响千年，成为古今中外吟咏不已、怀念不止的人物。

大唐创业垂统，建章立制。三省六部，成为中国古代官僚行政的典范。三省六部是决策机构，九寺五监是执行机构。虽然三省屡经变迁，但是所确立的中枢体制模式，却是千年如一。六部分科管理行政，其行政原理至今还在运行。九寺五监，今日“参公”“事业”单位名目仍可见其遗意。唐代法律完善，律令格式体系齐备，是中华古典法系的杰出代表，对东亚影响可谓广泛。大唐生活，千姿百态。衣食住行，是维系每个大唐人生存的基本，婚丧学老，是每个大唐人成长所必有的经历。八件大事，又都和等级制度挂钩，是观察唐朝日常的最佳窗口。古都长安，是东亚中心，也是当时“世界”之都，是经济中心，是文化交流中心，是思想和学术的高地。巍巍长安，是盛唐气象直接承载体，长安风华引领着世界风潮，展示着盛唐文明所达到的高度。吐鲁番地处丝绸之路要地，是中外文明交汇融通之处。多元人口组成，多元文化集结地，是大唐开拓西域的关键节点，具有重要的军政和战略地位。凡此种种，理当书之。

以上，就是“唐朝往事”的总体设计。我们希望以明晰的框架，建设具有整体感的书系。既有主线，又可分立；有清晰流畅语言，有足够的事实信息，也有核心脉络可以掌握。提供给读者既不烧脑又不低俗的“讲史”，以学术为基础，但是又不是满满脚注的学究文。专业学者用相对轻松的笔调来记录和阐释，提供一点不一样的阅读感受。这个目标能否实现还很难说，但是我们正在向此努力。我们 21 人以一年时光，共同打造的 20 部小书，请读者诸君阅后评判！

感谢鲍丹琼（陕西师范大学）、侯晓晨（新疆大学）、靳小龙（厦门大学）、李航（洛阳师范学院）、李瑞华（西北大学）、李效杰（鲁东大学）、李永（福建师范大学）、刘喆（北京师范大学）、罗亮（中山大学）、雒晓辉（中国社会科学院古代史研究所）、孟献志（首都经济贸易大学）、孙宁（山西师范大学）、王培峰（山东师范大学）、许超雄（上海师范大学）、原康（淮北师范大学）、张春兰（河北大学）、张明（陕西师范大学）、赵龙（上海师范大学）、赵耀文（重庆大学）、朱成实（上海电机学院）等学界友朋（按姓名拼音为序）接受邀请，给予大力支持，参加“唐朝往事”的撰写工作，更要感谢他们能在一年多的时间内不停忍受我的絮叨和催促，谢谢大家！感谢辽宁人民出版社蔡伟先生及其所带领的编辑团队，是他们的耐心细致，才使得本书以这样优美的状态呈现出来。

现在，亲爱的读者，请您展卷领略“唐朝往事”，与我们一起走进大唐，思考大唐！

耿元骊

2024年3月26日于唐之汴州

# 目录

# 引　言

本书作为人文社科类科普性读物，目的在于向广大读者全面展示唐代的官制。

古希腊哲学家亚里士多德曾经在他的著作《政治学》中说："从本质上讲，人是一种社会性动物；那些生来离群索居的个体，要么不值得我们关注，要么不是人类。社会从本质上看是先于个体而存在的。那些不能过公共生活，或者可以自给自足不需要过公共生活，因而不参与社会的，要么是兽类，要么是上帝。"没有人可以真正地过完全独立、离群索居的生活，哪怕是传说中的高人隐士，也会有衣食住行的基本需求。正因为如此，所以远古时代慢慢地发展出聚落、城市，乃至于国家。

在一个国家从无到有地诞生之前，必然会有管理者出现。或者说，管理者的出现要远远早于国家的形成。随之而来的，就是各种规章制度的完善。我们现在所知道的上古时代，至少就传世文献来看，是一个“圣贤时代”。也就是说，在上古的“圣贤”出现之后，教会了大家使用火，也就是燧人氏；教会了大家居住房屋，也就是有巢氏。当然，就我们现代的观点来看的话，这些事情必然是先民在长久的时光中一点一滴地总结经验教训，最终汇总而成的，不一定有特别具体的发明这些事物的人。于是把这些事归结于部族的首领，也就是女娲、太昊、黄帝的身上。这样我们就知道，至少在新石器时代，就出现了部落的首领，也就是管理者。随着生产力的不断发展，部落的地盘越来越大，那么首领自己一个人就管理不过来了，于是派遣部落中能力突出或首领的亲信去帮助自己进行管理。所以《尸子》中讲到孔子的弟子子贡曾经问孔子：“古者黄帝四面，信乎？”孔子回答道：“黄帝取合己者四人，使治四方，不计而耦，不约而成，此之谓四面。”黄帝并非长了四张脸，而是向四面八方派出能够信任的“合己者”作为助手，来管理地方。这也就是官制的由来。

由于上古时期文献的缺失，目前的历史学很难根据传世文献来考证商周时期的官制，哪怕加上甲骨文，也只能考证3300余年而已。但是可以肯定的是，在夏商之前，官制必然早已出现，也必将在人类社会中延续下去。

任何制度的产生，必然要符合当时社会的生产条件，否则就算是短暂出现了，也只能昙花一现，迅速消亡。古代的官制也是如此。周朝因为生产力不足，所以道路不畅，也就使周天子难以管控距离都城太过遥远的地方，所以实行封建制度，分封诸侯代替周天子来管理地方。秦汉统一之后，在一个大一统的国家背景下集合全国的力量修建驰道，也就使得皇帝可以在中央管理地方，于是封建制度失去了存在的根基。在中央高度集权的体制下，就需要建立更加复杂、高效的官员体制。在这个背景下，三公九卿制度应运而生。

几乎在三公九卿制度实行的同时，三省制度的雏形也在酝酿之中。终于，在经过了魏晋南北朝接近400年的时间，在经过了一次又一次的改制之后，三省六部制度终于在隋唐定型。唐代作为中国古代最为强盛、辉煌的朝代之一，其制度足可为万世之典范。三省六部制度中的三省制度，虽然在不久之后即行崩溃，但是其中体现的思想一直延续到宋元明清，乃至于当代。至于六部制度，当今的国家官员体制也只是把它更加细化了而已。

# 第一章

# 宰相制度

## 一、从三权并重到多元分治

在我们这个绚丽多彩的世界中，世间万物普遍存在着先后的因果关系，也就是事物运行的规律。这种规律，我们把它称为“逻辑”。因为有前因后果的关系，所以世上任何事物不会凭空产生，而必然有其产生的根源与演化的路径。既然如此，要把唐代宰相制度梳理清楚，就需要从汉武帝时期设置内朝官（中朝官）

说起。

所谓“内朝官”，是相对于丞相以下至六百石的“外朝官”而言的。“丞相”也可以称为“宰相”，但只是行使了宰相的部分职权，远非全部。因为所谓的宰相制度中的“宰相”，实际上是国家最高行政长官的通称，并不是个确切的称谓。一般代指行使其职权的“相国”“三公”，或者唐代的政事堂成员。我们知道，汉初以丞相、太尉、御史大夫为三公，帮助天子掌控朝政。《汉书》中认为丞相主管内政，太尉主管军事，御史大夫则是丞相的副手。也就是说就国家内政而言，宰相最是位高权重。虽然我们说三公是天子的帮手，与天子“论道经邦，燮理阴阳”，但是，在大多数情况下，宰相们所代表的臣权与皇帝所代表的皇权是对立的。因为皇帝无法自己一个人就治理好国家，也就必然需要大量的帮手。而这些帮手有各自的诉求，不能让皇帝任意胡为，也就经常唱皇帝的反调。开国的君主往往可以凭借自己强大的威信来让官员听话，但是后世的多数皇帝做不到这一点，因此行事不能随心所欲。仅凭皇帝一个人，是无法与宰相所代表的人数众多的臣子进行抗衡的，所以皇帝会培养一些“忠于”自己，能听自己话的人。这些受到皇帝培养的人，有时是外戚，有时是宦官。

而汉武帝所培养的帮手，就是内朝官。

据三国时期学者孟康所说，大司马、左右前后将军、侍中、常侍、散骑、诸吏为中朝。如陈仲安、王素两位先生所言，内朝官是在原有官职的基础之上进行的加官，不具备独立性，其本身在诞生之初不能与外朝官相对称。因此，在西汉以后，内外朝官就几乎没有什么区别了。但是，汉武帝设置内朝官所展示出来的限制、分化宰相权力的思想为后世所继承，并在隋唐之际的三省六部制度中发扬光大。在秦汉之时，宰相多数情况下只有一两个人，这就造就了宰相一人之下、万人之上的特殊地位。因为宰相的权力过大，所以需要对宰相加以制衡。这也是唐代宰相“三权分立”原则的初衷。

在唐代官僚体系中，虽然没有“宰相”这样的专门官职，却把尚书、中书、门下三省的首脑视为宰相，并分别继承了秦汉宰相的一部分职权。除了三省首脑以外，从唐太宗贞观年间开始，又陆续增加了“同中书门下三品”“同平章事”等诸多名号，让他们参与政事，成为事实上的宰相。这样一来，就使唐代宰相制度由三权分立转向了多元分治。本章即以唐代宰相“三权分立”至“多元分治”为核心，对唐代宰相制度的沿革进行梳理。

唐代官制直接承袭了隋朝制度，又进行了若干的改良。我们现在所说的唐代宰相制度，是基于三省制度而来的。然而，在隋朝官制中共有尚书、门下、内史、秘书和内侍五省。到了唐朝将内史省（隋炀帝时称内书省）更名为中书省，又新加上殿中省，因此实际上唐代共有六省。这六省之中，只有尚书、中书、门下三省的首脑才被视为宰相。因为是最重要的三个部门，所以才称之为“三省制度”。

尚书省首脑理论上是二品的尚书令，副手是从二品的左右仆射。“尚书”这个官职名号，其实早在秦朝时就已经出现。在秦朝时，尚书隶属于少府，是一个秩六百石的官职，主要职责是负责发布文书。汉朝沿袭了秦代官制，以尚书、尚冠、尚衣、尚食、尚浴、尚席组成了“六尚”。据东汉时期学者应劭所撰的《汉官仪》所述，“秦代少府遣吏四人在殿中主发书，故号尚书，尚犹主也。汉承秦置”。汉武帝在位时期，将尚书和侍中等官职纳入内朝官系统，作为皇帝近臣而参与中央决策。到了汉成帝的时候，将尚书扩充为五人，其中一人为尚书仆射，职能从收发文书扩大为皇帝的文书机构。同样为《汉官仪》所述，“尚书四员，武帝置，成帝加一为五。有‘常’侍曹尚书，主丞相御史事；

二千石尚书，主刺史、二千石事；户曹尚书，主人庶上书事；主客尚书，主外国四夷事；成帝加三公尚书，主断狱事”。到东汉晚期的汉灵帝时期，尚书省的前身机构“尚书台”终于出现。东汉晚期的尚书台是一个执政者所属的办公机构，全国政务要先集中到尚书台，导致权臣以录尚书事控制尚书台，往往可以总揽军政。因此，三国时期的曹魏在尚书之外设置中书监，以此制衡尚书的权力。西晋沿袭了曹魏的制度，以尚书台总揽全国政务，又在中书省之外设置门下省来加以制衡。至南北朝时期，北魏模仿魏晋设立尚书台，西魏又模仿《周礼》设置六官，将尚书台予以废除。北周继续承袭西魏的制度，不再设置尚书台。到隋朝建立之后，才在开皇元年（581）重新设置尚书省，并让它成为名副其实的全国最高行政机构。

唐代因循隋朝制度，以尚书省总揽全国政务。唐代尚书省的组织机构由上至下分为省、部、司三级，即尚书都省、尚书六部与六部之下的四司。尚书都省以尚书令为首脑，官职正二品。关于尚书令这个官职，在武德元年（618）即由年仅 19 岁的李世民担任。在李世民之后，尚书令一般不会轻易授予，但也并非是绝对的，比如唐德宗李适就曾以雍王兼任尚书令。由于尚书令的职权过大，所以在隋朝时就不会轻易设置。如唐长孺先生所说，唐代一般不设置尚书令，并不是因为李世民曾经担任这个官职，后世为了表示尊崇才不再授予而已。因为尚书令这个官职不会轻易授予，所以唐代尚书省的首脑在一般情况下是指左右仆射。尚书左右仆射均为从二品，其地位在唐代宰相体系中尤为尊崇。

“中书”的出现比尚书稍晚，在汉武帝设置内朝官时才出现。在汉武帝当政之时，以尚书来掌管机密要政。作为皇帝近臣，也就需要经常出入宫闱。而士人出入后宫终究不太方便，所以就以宦官来担任需要出入宫闱的这一部分尚书，也就是“中尚书”，简称为中书，司马迁就曾任职中书令。由于中书同时又担任谒者（先秦时期国君近侍官名），所以又称“中书谒者”。因此王素先生说，在中书诞生之初，与尚书的职掌没有什么太大的区别。中书的长官为令，就是中书谒者令。直到东汉末年，才由士人来担任中书官职。

汉武帝设置中书，本意是为了出入宫闱方便，未必是出于对尚书有什么顾虑或者加以限制。由宦官担任中书，却在后来引出了一些趣事。由于汉魏时期，夜壶有一个略微文雅一些的名字叫“虎子”，所以由宦官担任的中书就有了一个别称“执虎子”。据

《三国志》引《魏略》记载：按照从前的制度，由侍中亲自过问帝王起居，所以俗称侍中为执虎子，这个称呼始于（苏）则同郡吉茂。当时苏则刚刚由县令任满，升迁为没有固定职守的冗散。吉茂见到了苏则，就与他开玩笑说，你未来的前途可不止执虎子啊！苏则笑着回答说，我实在是不能像你一样，老老实实地驾驶鹿车啊！

在曹操受封魏王后，便设置了秘书令。到魏文帝曹丕即位之后，将秘书更名为中书，设置监、令各一人。再到魏明帝曹叡时期，中书部门彻底崛起，与尚书台并驾齐驱。据《通典》记载：魏武帝曹操担任魏王时，设置秘书令，来掌管尚书奏事，也是这一职任。魏文帝曹丕黄初初年，将秘书令改为中书令，又设置了中书监，以秘书左丞刘放担任中书监，秘书右丞孙资担任中书令，一起掌管国家机密。中书监和令的名号即于此开始。到了魏明帝曹叡时期，中书监和令成为专任官员，权力非常大。关于魏明帝时期的中书，还有一件发人深思的趣事。据《三国志》记载，当时中书监刘放、中书令孙资极得明帝的宠信，专断朝政。诸大臣都想方设法与之联络，只有辛毗不与他们二人来往。冗从仆射毕轨上表说："尚书仆射王思是个很勤奋精明的旧臣，但是他的亮节计谋比不上辛毗，应让辛毗取代王思的职位。”明帝为此事询问刘放、孙资。二人说：“陛下任用王思，就是因为看中了他的实干精神，不看中虚名。辛毗确实有高风亮节，但性情刚直专断，陛下应慎重考虑。”结果明帝没有起用辛毗为尚书仆射，而是出任卫尉。中书监刘放、中书令孙资权势滔天，大臣纷纷巴结他们。辛毗不肯向他俩低头，于是从侍中转为卫尉。毕轨先建议让辛毗担任尚书仆射，刘放、孙资二人又进了一个非常有水平的谗言“（毗）性刚而专”，成功将辛毗踢出了决策部门，转任九卿之一的卫尉。卫尉看似高官，文中却非常精妙地用了一个“出”字，也就表明辛毗实际上已经不在国家中枢了。

对中书的重用并非曹魏的专利。在曹魏以后，晋至南朝无不秉承了这个传统，致使中书部门的地位一度在尚书台之上。《通典》记载：“自魏晋重中书之官，居喉舌之任，则尚书之职，稍以疏远。至梁陈，举国机要，悉在中书，献纳之任，又归门下，而尚书但听命受事而已。”在这个时期，虽然尚书台名义上仍要高于中书，但实际地位已经远远不如。《晋书》记载荀彧族孙荀勖的一则趣事说：“久之，以勖守尚书令。勖久在中书，专管机事。及失之，甚罔罔怅恨。或有贺之者，勖曰：‘夺我凤皇池，诸君贺我邪！’”荀勖将中书视作“凤皇池”，却不愿担任尚书令，充分说明在这个时期，中书的实权是在尚书台之上的。

前述北朝大多沿袭了魏晋官制，唯有北周实行《周礼》的六官制度。北周实行《周礼》制度，并不是没有原因的。据《周书》记载，西魏恭帝三年十二月丁亥，魏帝下诏“以岐阳之地封（孝闵）帝为周公”，北周国号也因此而来。既然如此，秉承周制也就是理所当然的了。除北周之外，新莽（王莽以王氏为周朝王子乔，即升仙太子之后，乃是周王室后裔，故而实行《周礼》的制度。近代康有为认为《周礼》是王莽当政时期由刘歆伪造的，故而本文不言周代制度而称《周礼》制度）、武周（武则天以武氏为周平王少子之后，故而实行《周礼》制度）等均秉承《周礼》，设置六官。按照今天的研究观点，《周礼》的成书时间上限超不过战国，其中所描述的内容，是一种理想中的制度，与实际中的周代官制颇有不同。隋朝废除了北周六官，将中书省改名为内史省，机构内设置监、令各一人。不久之后废除内史监，设置内史令二人，内史侍郎四人。关于隋朝为何将中书省改称为内史省，是由于避隋文帝杨坚之父杨忠名讳的缘故。在历史上因为避讳而改名的官名或爵名不在少数，比如汉代彻候避汉武帝刘彻之讳而改为通候，尚书民部避唐太宗李世民之讳而改称尚书户部。

唐代沿袭隋朝制度，在武德三年（620）将内史省的名称恢复为中书省。省内设置正三品的中书令（大历二年十一月，与侍中一起升至正二品）二人，又设置副手，正四品上的中书侍郎（大历二年九月，与门下侍郎一起升至正三品）二人。中书省的名字在唐代有过多次反复，唐高宗在龙朔元年（661）将中书省改称西台，中书令称右相；唐睿宗光宅元年（684），实际掌控政权的武则天又改称为凤阁，中书令称为内史；唐玄宗开元元年（713）又改称为紫微省，中书令称紫微令，开元五年（717）又恢复旧称中书省。

门下省的首脑侍中，也曾经是汉武帝所设置的内朝官中的一员。据《旧唐书》所述，秦至汉初时设置侍中，开始时并非台省这样的部门。到了晋朝，才开始设置门下省，为南北朝所沿袭。唐龙朔年间改称东台，光宅年间改称鸾台，神龙年间恢复旧称。在侍中诞生之初的西汉时期，上起列侯、下至郎中的官员都有可能被加上“侍中”这样的头衔，“出入于皇宫禁中，应对皇帝询问，位阶次于常侍”。因为这个官职属于皇帝近臣，所以地位日渐尊崇。在东汉时，侍中从属于少府，俸禄比二千石，职责为侍从皇帝左右、赞唱引导百官奏事、作为皇帝询问时的顾问进行应对，并在皇帝外出时于左近侍从。

关于“门下”名称的由来，本是由于秦皇宫被涂成黄色，故而称为“黄门”。据《后汉书》所述，以二千石的侍中、六百石的黄门侍郎组成“侍中寺”，以千石的中常侍、六百石的小黄门组成“东寺”，加上禁军将领所居“西寺”，即为王素先生所说的“门下三寺”。到曹魏时期，官署多以“省、台”进行命名。魏文帝曹丕在黄初元年（220）恢复秦朝的散骑，与中常侍一起合称“散骑常侍”，列于门下，称为“散骑省”。东晋时期又设置了“西省”，以此比照东汉西寺。这样加上侍中省，所以合称为“门下三省”。

至隋朝初年，同样出于避隋文帝杨坚之父杨忠名讳的缘故，将侍中改称为“纳言”。纳言本是先秦古官名。《尚书·尧典》记载，舜在部落联盟议事会中设九官，其一为纳言，由龙担任。掌管传达命令，接待宾客的职责。炀帝大业十二年（616）又改纳言为侍内，唐初因循隋制称为纳言，武德四年（621）又改为侍中。

门下省原本是宫中内官，由宫官转变为施政机构的时间相比尚书、中书来说是比较晚的。虽然尚书、中书二省原本也是宫官，但是由于本身从事的就是与政务相关，所以天然适合走向前台，从而获得权力。而门下省本身是皇帝的侍从，不具备尚书、中书二省的条件。门下省直到获得了封驳权之后，才获得了与尚书、中书二省相等的地位。这样，唐初就构成了尚书、中书、门下三省并立的官僚体制。三省首脑均被视为宰相，而又分别拥有出令权、封驳权和执行权。这样，就构成了王素先生所说唐初时期三省制度的“三省分权制”。

在唐初的武德年间，由秦王李世民担任尚书令，裴寂担任尚书右仆射（后迁尚书左仆射），此后一般不再设置尚书令，而由尚书左右仆射总揽政务。在中书省，因为外戚窦威在隋朝任职多年，熟知朝纲礼仪和各项典制，便于武德元年（618）拜窦威为内史令。窦威议论政事得失，阐述清晰，并常引古事劝谕，深受唐高祖李渊的亲近和器重。李渊常把窦威召入内室，与他促膝长谈。但是窦威担任内史令还不到一年时间，于武德元年（618）六月病重，七月就匆匆离世了，接替他担任内史令的是南朝梁明帝萧岿之子萧瑀。其后封德彝、杨恭仁甚至李世民均曾在武德年间担任中书省首脑。至于门下省，在武德元年（618）先由刘文静担任纳言，武德二年（619）刘文静因谋反罪被处死。其后由外戚窦抗任职纳言，窦抗在武德四年（621）暴病而亡。其后陈叔达、裴矩、宇文士及和李元吉均曾在武德年间担任这一官职。由任职履历来看，目前在文献之中没有发现任何一个在武德年间给臣子加“同中书门下三品”“同中书门下平章事”“同平章事”或类似头衔的例子。加上述这些头衔的事情，是从唐太宗李世民即位时开始的。

为了让更多有能力的官员加入到宰相队伍中来，唐太宗李世民在位期间设立了同中书门下三品。中书令、侍中的品级皆为正三品。所以同中书门下三品的意思就是说，即便品级未达三品的官员，也能与中书、门下协商处理政务，亦为宰相。值得一提的是，被加同中书门下三品衔的官员未必都是品级不达三品者，但除了中书令、侍中、尚书左右仆射以外，只有加上同中书门下三品衔才可算得上是宰相，否则即便官至一品，也依然不能被称为宰相。据张国刚先生所言，这种通过加官而达到的让其他官员成为宰相，参与政事一事分为两种情况：一是给资历较浅的官员加官，让他们能够参与政事；二是给元老大臣加上这样的头衔，使他们能够以半退休状态继续与闻国事。比如贞观八年（634）时，时年 64 岁的李靖以足疾请求提前退休，太宗便允许李靖“三两日一至门下中书平章政事”。但是这个事例恐怕另有隐情。其一，李靖死于贞观二十三年（649），享年79岁，在唐代时堪称高寿。考虑到李靖辞官的时间距离去世尚有15年，恐怕很难说他在64岁时就已经因病没法办公了。其二，隋大业末年，身为隋朝太原留守的李渊暗中招兵买马，伺机而动。李靖察觉了他打算造反，于是乔装前往江都，准备向隋炀帝告密。但当李靖到了京城长安时，关中已经大乱，因道路阻塞而未能成行。不久，李渊于太原起兵，俘获了李靖，于是打算将他处死。李靖在临刑之前高声疾呼："公起义兵，本为天下除暴乱，不欲就大事，而以私怨斩壮士乎！"于是，"高祖壮其言，太宗又固请"，便宽恕了李靖。其三，在玄武门之变时，李靖恐怕非但没有参与，而且明确拒绝。虽然关于这件事各种文献记载并不一致，《旧唐书》说李靖、李勣二人主动请缨说"大王以功高被疑，靖等请申犬马之力"，而《资治通鉴》却说"（李世民）问于灵州大都督李靖，靖辞；问于行军总管李世勣，世勣辞"。两种说法完全相反。个人以为，应当以《资治通鉴》的记载为是。否则的话，怎么解释如李靖这样赫赫战功，却在凌烟阁二十四功臣之中位居亲身参与了玄武门之变的尉迟敬德之下呢？也许正是由于李靖战功太过显赫，所以才会早早请求退休，以免遭到兔死狗烹的结局。而唐太宗李世民也是明白李靖的心思，在欣然接受的同时又允许李靖“三两日一至门下中书平章政事”，表示尊崇与安抚。因此，这里的“门下中书平章政事”究竟能否等同于“同中书门下三品”“同中书门下平章事”“同平章事”这些加官，恐怕是有疑问的。但是无论如何，这种加官始自唐太宗贞观年间，是确凿无疑的。

日本著名学者内藤乾吉认为，唐代的门下省是代表贵族意志的机关，皇帝的意志必须经过门下认可才能生效，因此唐代不是君主独裁政治，而是皇帝与贵族联合的贵族政治。对于这种说法，王素先生已经予以了批驳。虽然内藤乾吉的说法略显绝对，但是大的方向上不就是如此吗？就是因为从秦汉时期的宰相负责制到隋唐三省制，宰相所代表的臣权与皇帝所代表的皇权始终是不统一的，双方始终在互相制衡、互相抗争。也是在这种情况之下，秦汉时期一人之下、万人之上的宰相职权被一分为三。而权力之间的相互抗争从来没有适可而止这回事，只会愈演愈烈。因此在三省逐渐让皇帝感觉束手束脚之后，就增添了各种名号的“副相”“使相”，以此进一步分化宰相的权力，并最终使三省制度走向崩坏。如《新唐书》所言，唐代的官制，其法度精准严密，其施行简单易行，之所以会如此，是因为有专门的官员进行管理，行使这些职权的官位从来没有过空缺所致。在唐朝兴盛时，就已经制定了这样的法度。唐初的君主曾想设立万世不移的法制纲纪，却常常陷入混乱的地步，是因为君主不能够谨慎地守护其法度，为了一时的苟且而徇私，所以事务越来越烦琐，官员越来越冗余，最终到了官员失职难以恢复的地步。

如前文所述，这种增加的名号，其实在唐太宗时期就已经开始了。《新唐书》中说“宰相这个职位，本是辅佐天子总管百官、治理万事，其责任不可谓不重大。然而自从汉代以来，宰相的名位称号皆有不同，而唐代的宰相名位尤其不正。在唐初时因循隋朝制度，以三省首长中书令、侍中、尚书令共同商议国政，这就是宰相的职任。其后，因为唐太宗曾经担任尚书令的缘故，臣下避而不敢担任这个职责，于是尚书仆射就成了尚书省长官，与侍中、中书令一起成为宰相。宰相的品阶名位尊崇，所以君主不愿意轻易授予，因此常常以其他官职担任宰相，而加以其他名号”，正是指此事的危害。《资治通鉴》中说唐太宗贞观九年（627）“中书令宇文士及罢为殿中监，御史大夫杜淹参预朝政。他官参预政事自此始”。在贞观年间，除了“参预朝政”之外，还有萧瑀在贞观四年（630）的“参议朝政”、刘洎在贞观十三年（639）

的“参知政事”、许敬宗在贞观十九年（645）的“同掌机务”、崔仁师在贞观二十二年（648）的“参知机务”、萧瑀和李勣在贞观十七年（643）的“同中书门下三品”等种种名号。可见在贞观年间，这种头衔是不统一的。这种头衔没有品级，没有具体待遇，却有职务的明确划分，资历较浅、名位不足的官员由此进入政事堂，成为三省宰相的副手。

到了唐高宗时期，如张国刚先生所言，“参预朝政”这样的头衔已不多见，取而代之的是大量的“同中书门下三品”“同中书门下平章事”。在这个时期，这些头衔已经成为了宰相的具体头衔。在这样的情况之下，三省首脑长官的职权被分走，直接导致了他们的地位发生了动摇。

在安史之乱后，又出现了出外担任节度使、观察使且同时加宰相头衔的使相。在近年新出土的中晚唐使相杜审权的墓志中，我们就可以清晰地看到，杜审权的官职为“唐故忠武军节度使开府仪同三司检校司徒兼太子太傅同中书门下平章事赠太尉”。关于杜审权的任职，《旧唐书·杜审权传》记载“（咸通）九年罢相，检校司空，兼润州刺史、镇海军节度使、苏杭常等州观察使”，而《旧唐书·懿宗本纪》则记为“（咸通五年二月）以门下侍郎、兵部尚书、平章事杜审权为润州刺史、浙江西道节度使”。《唐翰林学士传（晚唐卷）》早已指出其时间差异，并根据《全唐文》所载《授杜审权镇海军节度使制》一文认为，杜审权罢相、出任镇海军节度使时间应在咸通四年（863），与《新唐书》宰相年表记述相同。但是，据近年新出《杜敏求墓志》，杜审权在撰写墓志的咸通八年（867）三月六日时的官职为“镇海军节度、浙江西道观察处置等使、特进、检校尚书仆射、同中书门下平章事、上柱国、襄阳郡开国公，食邑二千户”。如此可知，至少在咸通八年（867），杜审权仍任同中书门下平章事。《授杜审权镇海军节度使制》中虽授杜审权镇海军节度使，却没有解除同中书门下平章事。如此之例，不胜枚举。

如此，在设置了大量的副相和使相之后，唐代原本以三省首脑为宰相的从三权并重状态彻底走向了多元共治，而这也为后来三省制度的彻底崩坏埋下了祸根。

## 二、唐代宰相的职权

如前文所述，“宰相”从来不是一个专有的官职名称，而是委任多名官员，让他们分别行使宰相的一部分职权。《通典》中说，黄帝时期任用了六相，于是神明毕至，天下大治。这六相分别是：使黄帝明于天道的蚩尤、使黄帝了解地理的太常、使黄帝明辨东方的苍龙、使黄帝明辨南方的祝融、使黄帝明辨西方的风后、使黄帝明辨北方的后土。这六个人，被称为“六相”。这是一个非常耐人寻味的说法。首先，在我们一直以来的印象之中，蚩尤作为主兵之神、九黎部落的首领，与黄帝是死敌的关系。可是《通典》之中竟然说蚩尤是黄帝的宰相，让人感到疑惑。其实，蚩尤为黄帝六相之一的说法来自成书于战国至西汉时期的《管子》一书。清末刘师培根据宋代道藏《云笈七签》认为，蚩尤很有能力，后来背叛了黄帝。也就是说，在古人看来，黄帝与蚩尤的关系相当复杂，远不是单纯的敌对那么简单。有趣的是，近年新出的清华简《五纪》中认为，蚩尤是黄帝的儿子，在长大成人之后制作五兵，凭借五兵征伐黄帝。其次，《管子》中这种“六相”的说法，与《周礼》“六官”简直如出一辙。那么，与其说《通典》延续了《管子》的说法，不如说《通典》延续了《周礼》的思想。到了唐尧的时候，虞舜作为唐尧的臣子，向他举荐了八恺、八元等十六人，被称为“十六相”。殷商建立初期，成汤任命伊尹、仲虺担任自己的左右相。以上这些认识，都是战国至西汉时期所形成的，所以难以作为真实历史上发生过的事件来参考。有据可查的是，在战国中期秦国武王二年，才开始设置“丞相”这一官职，以樗里疾、甘茂为左右丞相，秦庄襄王又以吕不韦担任丞相。也就是说，“丞相”这一官职本是秦官。

汉朝建立之初，承袭了秦的制度，以萧何为丞相。到了西汉成帝绥和元年（前8），在御史大夫何武的建议之下，以大司马、大司空、御史大夫、丞相分别执掌宰相的一部分职权。东汉废除了丞相和御史大夫，以三公为宰相。从东汉至魏晋以后的历朝历代，均以其他官职来承担宰相的职责。相国、丞相要么不设置，要么作为赠官，只是作为一种尊崇的官职，不再常置。而真正行使宰相职权的官员，不必真的称为“宰相”。有趣的是，“相国”这个官职从汉末以来，就成了一个造反者的代名词。自汉末董卓之后，先后还有司马昭、刘裕、萧道成、萧衍、陈霸先等担任相国。正是由于权臣担任相国或丞相（丞其实是帮助的意思，理论上也就是相国的副手）对君主威胁太大，所以在隋唐时期不再常置，而是由多人共同分担他们的职责。

在唐代，能够行使宰相职权从而被视为宰相的，除了三省首脑（中书令、侍中、尚书令或尚书左右仆射）之外，还有各种加“同中书门下平章事（简称同平章事）”“同中书门下三品”头衔的其他官员。“同三品”是因为中书令、侍中是中书、门下正三品官，加此衔以示其与中书令、侍中享有同等权力及待遇。贞观十七年（643），李勣担任太子詹事同中书门下三品，是此号第一次出现。其后，以此衔为参政标志，虽本官品级高于三品者也要加此衔才得为宰相。“平章”意为评议辨别，引申为断决处理。受此头衔的，是唐代非中书令、门下侍中而又实际行使宰相职权的人。到了高宗永淳元年（682），同中书门下平章事才开始成为四品以下知政事者的头衔，地位在“同中书门下三品”之下。

“同三品”及“同平章事”都属差遣性质，本身并无品秩，任此职者必另兼职事官衔。凡五品以上职事官经过皇帝授权即可充任，不受资历限制，这便于皇帝从中级官吏中选拔亲信以分相权。“同三品”一衔，高宗、武后、中宗时期使用最多，玄宗时已逐渐减少。肃宗至德二载（757）李麟为同中书门下三品是此衔最后一次授任。“同平章事”则自永淳以后逐渐增多，至肃宗乾元元年（758）以后，成为以他官知政事者的唯一头衔。而原为宰相的三省长官之中，尚书仆射的相权自贞观末年即已开始削弱，到唐玄宗时，已完全被排除于宰相行列之外。

唐代中书省设置中书令二人，正三品。根据《唐六典》中的记载，中书令的职责是掌管国家政令、光大帝王事业、统理协调天人等，让人颇有些摸不着头脑。具体而言，中书令最为重要的职责是王言七制。"王言"，也就是"君主下达的正式命令"，这和源自商周时期的"王若曰"颇为相似。所谓的"王若曰"，主要出现在今文《尚书》与西周金文、甲骨文之中（殷商时期均作"王曰"）。在《尚书》之中，史官主要以"曰若稽古""王曰""周公曰""王若曰""周公若曰""微子若曰""父师若曰"为发语词，来展开记述。商周时期，"王曰"或"王若曰"都是代表君主所下达的命令，在某种程度上或可说就是后来的诏令。诏令是以皇帝名义颁布的命令文书的统称，是带有法定权威性与强制执行性的国家下行公文。诏令体制在汉代正式确立之前，经历了一番由口头下达到书面形式命令的漫长发展过程。因为"王言"这种体制来源于商周时期，所以说"王"言而不是"皇"言、"帝"言，等等。

中书省所掌管的王言之制一共有三类七种：第一种王言是册书，也就是有关册封的文书。册书的种类相当复杂，是册封文书的总称，细数下来有祝册、玉册、立册、封册、哀册、谥册等共计十一种之多。其中又可以分为由臣子奉上的文书，比如在帝王崩殂之后，将遣葬日举行的“遣奠”时所读的最后一篇祭文刻于册上，埋入陵中，称为“哀册”。再比如群臣为去世的帝王所上谥号的“谥册”等。另外一种，是由上至下进行的册立、册封，比如皇帝立皇后、皇太子，加封亲王，册拜臣子等。册书的材质也有不同，立后、立皇太子所使用的是玉册（明朝开始还增加了金册），册拜臣子使用的是竹册。

第二种王言是制书。所谓的“制”，也就是君主所说的话的意思。唐代的制书，是在实行赏罚、授予官爵、厘清旧政、赦免俘虏时颁布。我们经常在影视剧里看到皇帝派遣内侍向大臣传达圣旨说“皇帝诏曰”，或者“皇帝制曰”。“诏”和“制”是有区别的，制是皇帝的命令，是由皇帝亲口说出的指示。诏则是皇帝写在诏书中的指示。皇帝的命令有大有小，大的称为命，小的称为令。制书一般对重臣下达，诏书则可对全国民众下达。诏书的本质是一种令，而令的实质是法律，是全国民众都需要遵守与执行的；制书则只在重臣之间流传，并非面对全国民众。

第三种王言是慰劳制书。慰劳制书是唐代慰劳有功臣僚时的文书，是皇帝的官方书信，也用于外交文书中。

第四种王言是发敕（《唐六典》中写作“发日敕”）。“制”和“敕”存在细微的区别，“制”是宣示皇恩浩荡使用的，而“敕”含有告诫的意思。唐代的发敕，主要是在废除或设置州县、增减官吏、发兵、授予或免除六品以上官职时使用。

第五种王言是敕旨，凡是百官有事奏请，或者根据皇帝的意愿起草文告，都使用敕旨。

第六种王言是论事敕书，为皇帝训诫百官所用。

第七种王言是敕牒，在授予官职时，由门下省政事堂草拟文书，经中书舍人进奏画敕字，然后政事堂出牒公布。

根据东汉蔡邕所作的《独断》中的记载，汉代帝王所下达的命令有四大类，分别是策书、制书、诏书和戒敕。策书是用竹简制成的，而“册”的本义就是竹简，也就是魏晋之后的册书。到魏晋以后，将皇帝的命令分为册书、制书、敕书三大类，总称为“诏书”。唐朝因循魏晋的制度，只是在武周时期，因为“诏”与“曌”音同，所以为了避讳而总称为“制书”。在使用的材质方面，册书用竹简，制书、慰劳制书、发敕使用黄麻纸，敕旨、论事敕及敕牒使用黄藤纸。

由中书令的主要职责“王言”来看，其作为中书省的首脑，掌管的是皇帝命令的下达、诏书的制定等。也就是说，中书省是一个主管发令的决策部门。《唐六典》以中书令和门下省侍中（唐初还要加上尚书省左右仆射）为真宰相。宰相集议朝政的政事堂，原本设置于门下省。在高宗死后，转移至中书省。此后，中书令由于掌握了出令权，于是成为了宰相之首。

门下省设置侍中二人，正三品。侍中在秦代是由丞相派赴殿中往来奏事的府史，因其在宫殿内供职，故称侍中。汉代成为加官，凡加此官号者，便可出入宫禁，为皇帝左右侍从，备顾问。由于侍中常在皇帝左右，有代皇帝“省尚书事”的责任，因此能够参与国家决策。曹魏时期，侍中政治上所起的主要作用，并不在省尚书事，而在侍从左右所参与的谋议和谏诤。西晋时期门下省正式成立，侍中仍然保持侍从的身份，但是已经从东汉的顾问应对发展到拾遗补缺，凭借侍从左右而开始频频影响君主决策。影响君主决策的程度主要取决于君主对其信任程度。然而侍中平尚书事，负责审议监督尚书省的奏议，这一规定从制度上保障了侍中法定的权力。隋唐时期，正式确立了门下省“驳正中书诏敕”的制度，既可以驳斥中书省的下行诏敕，也可以驳斥尚书省的上行奏事。也就是说侍中对上行、下行文书皆有审驳权力。关于下行文书，也就是前文提到的中书省所掌管的王言七制。而上行文书，共分为六种：奏抄、奏弹、露布、议、表、状。

所谓的奏抄，是指祭祀、支度国用、授六品以下官、断“流”以下罪及除免官时所使用的文书。在支度国用的功能方面，韩国国立中央博物馆藏有两份敦煌文书残片，经过日本学者大津透、榎本淳一进行缀合之后命名为《仪凤三年度支奏抄》。在这份文书之中，我们可以一睹唐代奏抄的风貌。在这份文书之中，我们可以看到户部关于仪凤四年（679）支配各州庸调的预案，由尚书户部度支司员外郎狄仁杰编写，户部尚书许圉师、侍郎王德真联名上奏，尚书左仆射刘仁轨、右仆射戴至德检验，并准备上奏给当时监国的太子李贤。授六品以下官员，则是用于吏部和兵部主持的铨选时使用。在这个时候，尚书省以奏抄的形式向门下省申报审批，最后由皇帝亲自批准，因此也叫“奏授”。

所谓的奏弹，分为“奏”和“弹”两个方面，也就是劾奏和弹劾。在唐代，奏弹作为一种监察机构用来监督官员、维护政治稳定的重要手段，其执行程序相当严格，需要经过多个环节。首先，负责监察百官的御史大夫通过上书等方式对违法官员进行弹劾。在弹劾过程中，御史大夫需要提供详细的证据来证明官员存在不法行为。在弹劾过程中，御史大夫需要准备充分的材料。这些材料包括奏疏、劾状、证词等。奏疏是御史大夫向皇帝提交的书面报告，劾状是御史大夫指控官员的文书，证词则是御史大夫搜集的证据。将这些弹劾材料上交，也就是劾奏。在劾奏中，御史大夫需要详细说明弹劾的理由和证据，并要求对被弹劾的官员进行惩处。将弹劾的材料上交之后，由门下省对其进行审核。如果认为弹劾材料不充分或有误，就会驳回御史大夫的劾奏。如果同意御史大夫的劾奏，就会开始对被弹劾的官员进行调查。如果被弹劾官员的不法行为不成立，那么门下省可以向御史台发出撤销弹劾的命令。在撤销弹劾的情况下，被弹劾官员的贬谪或罢免决定会被撤销，其职务和地位也会得到恢复。

所谓的露布，“露”是披露天下的意思，其材质是锦缎做成的，所以称为“布”。由于古代信息传递不够通畅，所以在古代战争结束之后，由一名骑士快马加鞭，高举露布，一路报捷。所以露布具有很强烈的军事意味，多用于报捷时使用。但是，这也不是绝对的。在汉朝之时，露布也指代公布文书，或者说不封口的文书，用以昭告天下。到了魏晋以后，露布在多数情况下专门指代捷报。唐代封演所作的《封氏闻见记》中说："露布，捷书之别名也。诸军破贼，则以帛书建诸竿上，兵部谓之露布。"但是，在晚唐爆发的庞勋之乱中，也曾经记载庞勋自以为天下无敌，于是制作露布，在村寨中张贴。这样来看，唐代露布的主要功用是报捷，另外也兼有通知、通告这样的作用。

所谓的议，也就是朝议（或称廷议）。凡是朝中有悬而不决的事件时，就要召集公卿对该事件进行议论。比如唐初曾经就是否对高句丽进行征伐一事，进行过长时间的朝议。由于隋炀帝曾经多次征伐高句丽且均以失败告终，导致激起民变。《无向辽东浪死歌》中说"忽闻官军至，提刀向前荡。譬如辽东死，斩头何所伤"，宁可被官军杀死也不肯跟随杨广再去征伐高句丽。加上唐朝建立之初，国内没有完全地统一，还要面临来自突厥的威胁，无暇处理高句丽问题。到了唐太宗贞观年间，尉迟敬德仍然进言说，"乘舆至辽，太子次定州，两京空虚，恐有玄感之变"，当时朝议参与者多数是认为不应大举进攻高句丽的。门下省侍中的职责就是"理有异同，奏而裁之"。大臣争论不下，各有各的理，那么侍中就要汇总大家的意见并呈报给皇帝，由皇帝进行裁决。

所谓的"表"和"状"，都是古代臣子向帝王进行陈述、请求、建议时用的文体。按照东汉蔡邕所作的《独断》一书中的观点来看，汉朝时臣子向皇帝上书有四种，即章、奏、表和驳议，称为“章表制度”。章用于向皇帝谢恩、陈述事件等；奏也就是前文中提到的，御史大夫向皇帝提交的书面报告；表就是向帝王陈述、请求的文书，如著名的前后《出师表》；驳议则是在朝议的时候，与其他百官持有不同意见的官员，针对朝议讨论的问题发表自己观点的文书。“状”与“表”的区别是，状有记载事迹的功用，又称“行状”或“行述”。这是一种叙述死者世系、生平、生卒年月、籍贯、事迹的文章，常由死者门生故吏或亲友叙述或撰写，作为写作墓志或提供给史官进行立传的依据。

尚书都省，也就是尚书省的首脑部门，也称为都堂。在理论上，尚书省的最高领导层以三师与三公构成。唐代三师为太师、太保、太傅各一人，正一品。三师为训导官，也就是天子之师。在《尚书》中说周代立太师、太傅、太保为三公，与天子“论道经邦，燮理阴阳”。到了汉初，将太尉、丞相、御史大夫作为三公；西汉末年，又以大司马、大司徒、大司空为三公。到这个时候，太师、太保、太傅作为天子之师，地位还在三公之上。唐代以太尉、司徒、司空为三公，和三师一起与天子坐而论道，没有实际的权力，只是虚位而已。多数时候，三师与三公都是在官员死后的赠官，或者因功劳过大无法赏赐而给予的虚职。

尚书都省设置尚书令一人，正一品。如《唐六典》等各种文献都说，因为太宗李世民还是亲王的时候曾经担任尚书令，所以后世将这个官职“阙而不置”。但是，唐代仆固怀恩、郭子仪、德宗李适均曾经被拜为尚书令。虽然他们要么短暂担任立即请辞，要么是以太子身份兼任尚书令，但这至少可以说明，“因李世民曾经担任尚书令，所以后世不再设置”这个理由不能成立。其实，唐长孺先生早已指出，不设置尚书令早在隋朝就已成为惯例，仅有杨素曾任一年尚书令。之所以隋唐时期很少设置尚书令，归根结底还是因为这个官职的职权过大，严重威胁到了皇权，又难以制衡。所以，隋唐时期的尚书令基本都是挂名的虚职，不具备实权。比如隋朝杨素在大业元年（605）由于帮助杨广夺嫡成功而受封为尚书令，此时杨素看似位高权重，其实并无实权，只是挂名而已。且杨素这时已经卧病在床，又因为荣华富贵已经到了极致，且杨广对他猜忌甚深，所以杨素不肯吃药一心求死，第二年就去世了。

如上所述，尚书都省基本不设置尚书令，却不可能因此而没有首脑。于是唐代尚书都省设置左、右仆射各一人为实际领导者，均为从二品。尚书左、右仆射总管属下六部事务的具体执行，保证各部门正常运转。

唐代的下行文书，在前述的制、敕、册以外，还有令、教、符三种。制、敕、册是天子所用，令是皇太子所下达的命令，亲王或者公主下达的命令则是教。而符，就是尚书省所使用的下行文书。凡是尚书省所下达的命令，如下达至州，州下达至县，县下达至乡，都称为符。而上行文书，除了前述的表、状之外，还有笺、启、牒、辞四种。表上给天子，状提供给朝廷备案，笺、启则上给皇太子。牒是九品以上官员之间所使用的上行公文，辞则是庶民向官府表达意见时所用。官府之中各部、各司之间互相协作、互相质询时所使用的文书有三种，分别是关、刺、移。关就是传达文件，刺是检举，移则是将公务转移至其他官署。我们今天所使用的公文也有类似的用法，比如上级机关向下级机关发送的公文一般称为通知，下级机关向上级机关发送的公文一般称为报告或请示，平级机关或没有直接从属关系的机关之间传递的文件称为函等。

以上，凡是各级官府部门接收到的公文，上面都会印出发送的日期，以此作为时间限制。第一天收文，第二天上报。如果是急件或者押送囚徒，必须随到随发。小事五天以内必须处理完成，这里的小事是指不需审查覆核的事务；中事在十天之内必须处理完成，指需要覆核前案并需要勘问的事务；大事二十天之内必须处理完成，指事务比较重大的帐簿计算及需要仔细询问的事务。刑事案件三十天之内必须处理完成，紧急公务则不给程限。小事需经三人或二人处理的加一天时间，需经四人以上人员共同处理的加两天时间；中事每多经一人处理加两天时间；如果是大事的话再加一天时间。如果是急件或者在限期之内就可以了结的，就不必按照这个规定来做。

尚书省施行皇帝所下达的制、敕等公文，在制定之后需要按照规定的期限进行抄写。符、移和关牒抄写数量在二百纸以下的抄写两天，超过这个数量的话每超出二百纸再加两天，但最多不得超过五天。如果是紧急军务的话，必须在当天之内抄写完毕。各州呈报京师的公文，按事情的大小和多少来规定时限：二十条以上限两天，四十条三天，六十条四天，八十条五天，但最多不得超过五天。皇帝的制、敕颁行，京师各司的符、移、关、牒下发各州，都须经由尚书都省统一发遣。如果由京师遣使送达，则令使者在尚书都省按远近次序领受各道的符、牒，然后发遣。如果有各道的使者返还，也需要让各主管司先报知尚书都省，令使者顺便领受送达符、牒。凡是已经办结的公文，主办的司加盖朱记官印以后，都在公文上端加注，记明年、月、日等信息，再存档入库。凡属需要加盖印章的公文，监印官吏必须考核该项公务能否成立或有无差错然后盖印；盖印必须作出记录，每月终存档入库。官印，每到夜间，京师各司必须交付值班官吏掌管；京师外各官署，送交主管长官掌管。尚书省的官吏，每日一人轮流值班，由都省的司负责按值班名册安排顺序。各司官加联合办公及大都督府的上佐、县令，都不轮流值班。全国各署的官僚一律在日出时开始办公，午时下班，下班后有事由值班官吏处理。但如果遇到紧急公务，则不受此限。全国制敕、表奏和省符、宣告的计数，一律以年终断结总计。京师各司，皆在四月一日交纳都省。全国各州，由各主管司校对后交付办理公务的官吏，经办理公务的官吏审核，联合签名盖章，泥封盖印，连同计帐，派使交纳尚书都省。一般在六月一日，由尚书都省的都事召集各司的令史核对覆审。如果发现有隐瞒遗漏和与实不符的情由，都要附记在考核官吏的档案之中。

以上，由中书、门下、尚书三省首脑的职权范围来看，中书省主要掌管发布国家政令，政令由门下省进行审核，审核通过之后下达至尚书省，再分派至各个部门进行实施。这样一来，就构成了国家的决策、审议及执行三大机构。三省之间由于这样的合作机制互相平衡制约，一方面解决了皇权和相权之间的冲突与矛盾，另一方面由于三省相互监察督导也大大减少了政策失误发生的机会。

## 三、唐代的使相

在之前的章节中，我们提到，唐初的尚书、中书、门下三省的“真宰相”，在不久之后就失去了实权，宰相的三元分立走向了多元共存。在盛唐时期，又出现了所谓的“使相”。自唐开元之治至安史之乱后，藩镇兴起，逐渐形成封建割据势力。统治阶级为了缓和这种矛盾，或以宰相头衔赐给节度使，或以朝臣加“平章事”头衔出任节度使，皆称使相。如郭子仪、李光弼相继以平章事为节度使，都是所谓的使相。而这种制度产生的根源，我想需要从府兵制度的建立与崩坏谈起。

《魏书》中记载，西魏大统八年（542），宇文泰仿周典置六军，合为百府。每府一郎将统之，分属二十四军，开府各领一军。大将军凡十二人，每一大将军统二府，一柱国统二大将军，凡柱国六员，复加持节都督以统之。十六年籍民之有才力者，为府兵。

北魏太和十八年（494），魏孝文帝迁都洛阳，自此开始了全面汉化的进程。而北魏的更北方还有柔然虎视眈眈，所以不得不留下一部分官兵，镇守在平城（今山西大同）以北的沃野、怀朔、武川、抚冥、柔玄、怀荒六个军镇中。洛阳温度适宜，土地肥沃，生活富庶，与北方的苦寒之地相比简直像天堂一般，所以搬迁到洛阳的北魏上层迅速地开始堕落，沉湎于享乐之中。另外，迁都黄河南岸的洛阳，也就意味着国家政治中心的南移。在国家经济、政治中心转移之后，由于和北方边防线拉开了距离，那么补充兵力、输送给养的难度就呈几何数增加。而且，北魏在迁都之后将注意力完全放在了南方，使得六镇的政治、军事意义降低到最低限度。这样一来，就造成了驻守六镇官兵的严重不满。终于在北魏正光五年（524），爆发了著名的六镇之乱。

六镇之乱所带来的影响是非常深刻的，它直接影响到了中国的发展进程。在平定六镇之乱的过程中，涌现了尔朱荣、贺拔岳、高欢、宇文泰、侯景等将领。尔朱荣在永安三年（530）九月，被孝庄帝元子攸所杀之后，高欢在永熙三年（534）拥立元善见为皇帝，宇文泰在永熙四年（535）拥立元宝炬为皇帝，自此北魏正式分裂为东魏、西魏。

北魏分裂之后，宇文泰为了对抗高欢，对兵制进行了一系列改革，最重要的成果就是建立了府兵制，并一直延续到了唐代。府兵制大致包括几个内容：一、全国设置八个柱国大将军，实际上是六个。其余的两个，一个是宇文泰，他是军队的最高统帅，不领兵；另一个是西魏的宗室，只有虚名也不领兵。二、六个柱国大将军之下各设有两个大将军。每个大将军又管理两个开府，每个开府又管辖一军，实际上是共有二十四军。而且每个柱国大将军所统领的军队，在战时要听从中央政府的统一调遣。这在一定程度上也削弱了柱国大将军的权力。三、府兵不入民籍，另入军籍。如果能成为府兵，在所有的马匹和武器都自备的情况下，是不用向国家交纳赋税的。

宇文泰死后，他的第三子宇文觉在西魏恭帝四年（557）正式登极，改国号为周。仅仅过了二十四年，杨坚接受禅让，在北周大象四年（581）二月十八日登极为帝，改国号为隋。隋朝在全面继承北周府兵制的基础上，又做出了一些发展：一、军人除了有军籍，隶属于军户之外，还可以和他的家人一起编为民户，隶属于当地的州县。二、军人有了固定的住处，而且可以在隋朝均田制的基础上分得一部分土地，从事农业生产。实际上已经向着寓兵于农的方向发展。除了进行农业生产之外，府兵还要轮流到京师宿卫或者是执行其他的任务。三、在对府兵的统领方面，隋朝继承了西魏的一系列制度。把西魏的十二大将军，改变为十二卫。每卫设置一个大将军，隶属于皇帝。四、府兵的基本组成单位称为鹰扬府，由鹰扬郎将、鹰击郎将统领。

唐朝在建立之后，继续沿袭西魏、北周、隋朝的府兵制。在唐太宗时期对府兵制进行了进一步的完善，使得唐代的府兵制比前代更加完美，且已经达到了炉火纯青的地步。俗话说物极必反，唐代的府兵制度经过唐太宗时期的繁荣，等到唐玄宗天宝年间已经逐渐荒废，与社会相适应的募兵制度逐渐产生，府兵制度也由此逐渐被替代。唐代的府兵制度主要包括下面几项内容：一、唐代府兵制的中央领导机构是十二卫和东宫六率。十二卫中每卫设置一个大将军，隶属于皇帝。东宫六率每率设置一个率首，东宫六率隶属于太子。其实这种设置方法有一定的好处，东宫六率和十二卫分别隶属于不同的人，如果一支军队发生了叛变，那么可以利用另一支军队来加以制衡。但是它的弊端也是相当明显的，如果太子手中握有军队，容易发生篡夺皇位的事件。二、府兵的基本单位是设置在各地的折冲府，分为上中下三等，上府一千二百人，中府有一千人，下府有八百人。各地的折冲府由折冲校尉和左右果毅都尉统领。三、内重外轻的驻兵原则。军府分布于全国各地，但是以长安附近最为集中，关中地区所驻扎的军队占全国军队总数的一半以上，虽然各地方也有军队，但是他们的军队数量是非常少的，纵使他们有再强的军事力量，也难以和中央抗衡。四、唐代的府兵制建立在均田制的基础上，它的基本原则就是兵农合一。府兵制的基本征兵原则是“财均者取强，力均者取富，财力又均先取多丁”。五、府兵最基本的任务就是轮流到京师宿卫，有时也出征或者到别的地方去驻守。府兵平常在田地里进行农业生产活动，冬季农闲时进行军事训练，因此也就形成了寓兵于农、兵农合一的制度。这种制度其实有很大的好处，它既保证了府兵的来源，也减少了国家的军费开支。

唐代的府兵制无论是在内容还是在形式上都达到了巅峰的水平。而且唐代的府兵制度与当时的社会发展的潮流是相适应的。在当时的对外征伐和开疆拓土的过程中，唐代的府兵制度发挥了很大的作用。府兵制度是和均田制联系在一起的，府兵制的经济基础就是均田制，在均田制的基础上府兵制才有发展下去的可能。所谓的均田制，是在北魏太和元年（477）由李安世上疏，并且太和九年（485）在北魏全国颁布实行的。《魏书》记载李安世上疏说："如今既然难以恢复古代的制度，那就应该再次丈量土地，审核耕地面积，使分配的土地有一定的标准，劳动力和分配的土地相当。地位低微的人得到生活所需的资财，豪门大族不能占据更多肥沃的土地。多余的田地，由君主大公无私的恩泽，散布到万民之中，就像是高大山丘一样，可使得家家户户都会有剩余的积蓄，对于所争执的土地，应该规定一个年限加以判决，事件经历久远难以明确主人的田地，都归属于现在的田地主人，从此以后虚假狡诈的人断绝非分的希望和企图，安分守己的农民免于被侵凌掠夺。"均田制的主要内容在于：其一，将田地合理分配。其二，扶助贫弱，以抑豪强。其三，将有争执的田地，加以厘清。在实行均田制之后，北魏政府解决了大量流民问题，使耕者有其田，降低了对社稷的威胁。又在一定程度上防止了豪强兼并，缓和了贫富分化导致的民众饥馑的社会现实问题。由于鼓励垦荒发展农业生产，对恢复生产有积极作用。最终编户齐民，自耕农数量上涨，同时使国家税收上涨。

为配合均田制，北魏孝文帝接受李冲的建议，于太和十年（486）废除宗主督护制，创三长制，以抑制豪强隐匿户口和逃避租调徭役，以一夫一妇为主体的个体农户取代了过去的“五十家、三十家方为一户”的局面，并直接控制基层政权组织。此外，据《魏书》，李冲上言立三长，并定“调”法。民调之法，一夫一妻缴纳帛一匹、粟二石。年龄到了十五岁以上未曾婚配的民众，每四人共同缴纳一夫一妻应缴纳的民调。从事耕作的奴、从事纺织的婢，每八人对应四名未婚配的民众。耕牛每二十头，冲抵奴婢八人（应缴纳的民调）。李冲说：“百姓只感受到了国家频繁调查户口、要求立户，却难以看到省却徭役赋税的好处，心中必定会有怨气。应在征收赋税的月份，让百姓知道国家赋税的政策。百姓了解了这些政策，又得到了实际的好处，政策必然会容易施行。”租税制的改变实现了“课有常准，赋有恒分”的政策目标，减轻了每户负担的租税数额，用看得见的经济利益使农民从“豪强征敛，倍于公赋”的对比中纷纷脱离豪强的“苞荫”接受均田。

在永嘉之乱后，北方中国就一直处在混乱不堪的战争之中。由于战争使得衣冠南渡，加上在战争中损失大量人口，使整个北方出现了大量无主、可支配的荒田。于是，北魏政府将掌握的土地分配给农民，农民向政府缴纳租税，并承担相应的徭役，此后近三百年都实行这项由国家分配土地的政策。也就是说，均田制存在的前提是，农民可以获得赖以生存的可耕作土地。所以在唐代初年，政府也是这样去实施的。但是，在大唐立国一百余年之后，均田制就无法再实行下去了。

均田制虽允许土地买卖，但并不鼓励买卖，且一定程度上对土地买卖加以限制和约束。北魏太和九年（485）令，“盈者得卖其盈，不足者得买其不足。不得卖其分，亦不得买过所足”，所买卖田地亦仅限桑田（永业田），露田（口分田）不得买卖。然而，到了北齐就放得宽了。《通典》记载，当时“露田虽复不听卖买，卖买亦无重责”。可见北齐对口分田买卖不加限制，均田制开始有所破坏。而隋朝，贵族官僚被授以永业田，则标志着均田制原则的破坏。隋田令规定：“自诸王已下，至于都督，皆给永业田，各有差。”此后，唐朝对隋朝官员授田进行了进一步规定，授田官吏范围无所不包。永业田规定：“亲王分给田地百顷，正一品职事官六十顷，郡王及从一品职事官各五十顷，国公与正二品职事官各四十顷……文骑尉、武骑尉各六十亩，散官五品以上的与职事官同等待遇。若是兼有职官、勋官及爵位的官员，遵从品阶最高的一个官位供给土地，不另行授予。”唐朝放宽了对土地买卖的限制，永业田和赐田可自由买卖，且贵族官僚的永业田、职分田、公廨田数量增多，由此土地兼并更加激烈。

另外，均田制的崩溃与盛唐时期人口增长与商品经济的繁荣不无关系。社会稳定导致贵族官僚的田产越来越多，而大量增加的人口却得不到充足的可耕作土地。葛金芳指出：“均田制在较长时间内维持，需要两个基本条件：一是国家对人口的严密控制，二是地权流转速率的相对迟缓。”唐朝农业、手工业发展，水路交通改善加强了南北物资交流，因此商贸繁盛。粮食商品率有所提高，使土地经营利润提高，加快了土地流转速率。杜甫有诗云，“云帆转辽海，粳稻来东吴”，正可以说明。此外，官僚贵族大建磨房、茶园，土地增值，较农作地更具吸引力，大大刺激了土地兼并。三是商人地主开始崛起，“富者有资可以买田，贵者有力可以占田”。田地逐渐被流动状态所取代，永业田、口分田皆被买卖，且无限制。经济发展使永业田、口分田“频有处分，未能禁断”，杜佑言，“开元天宝以来，法令弛坏，并兼之弊，肩愈汉成哀之间”。由此，国家可支配田地日减，均田制基础被破坏。另外，均田小农流动性增强。商品经济繁盛下就业机会增加，百姓挣脱了中古田制框架束缚，或进入工商业、个体手工业、服务业，或成为小商小贩，自耕农数量大为减少。虽然唐初到盛唐时期国家版图不断增加，但是周边土地无法及时转化为可供耕作的土地。这样一来，也就导致了均田制的崩溃。在唐代的开元天宝年间，由于土地兼并的日益激烈，均田制也难以维系下去，在均田制基础上建立起来的府兵制度也在逐渐瓦解。终于在天宝八载（749），鉴于军府无兵可交，于是停止发布折冲府征兵文书，府兵制终于废止。此后，折冲府只有兵额和官员，既没有兵，也没有驮马、武器等各项军资。但终唐之世，军府空名仍然存在。

在府兵制度彻底崩溃之后，取而代之的就是藩镇节度使制度。《资治通鉴》记载，“节度使”的出现是在唐隆元年（710），薛讷被任命为左武卫大将军兼幽州都督，这也标志着节度使之名的开始。起初，节度使仅仅是朝廷赐以旌节，然后才能够行使某种权力。从某个角度而言，他算是皇帝在藩镇的一个代言人。可是，随着时间的推移，藩镇的体制不断在发展，社会也在不断地变化，节度使的权力与性质也在悄然发生变化。

天宝十四载（755），安史之乱爆发。在旷日持久的内战之中，消耗了国家大部分的有生力量，尤其是李唐皇室的力量，此后唐朝由盛转衰，对地方的掌控力度也在逐渐削弱。于是，各镇节度使便趁机坐大，不断为自己笼络力量，甚至还组建了自己的“幕府”，以便于自己的统治。唐朝政府在无力进行全面且彻底的削藩这种情况下，只好使用各种手段对节度使进行笼络。于是，给节度使进行加衔的“使相”便应运而生。

使相的出现，是从唐玄宗开元十年（722），宰相张说带相衔坐镇朔方开始。在此之后，出镇地方节度使的官员的职衔基本都带有如“中书门下平章事”的字样。由于中央朝廷对地方的掌控力越来越低，所以不得不用这种手段对出镇地方的节度使加以笼络。到了中晚唐时期，使相几乎是已经泛滥。朝廷的这种笼络必然有一定的实质好处，但是使相是没有参与中央政务的实际权力的。由于目前学界关于使相的论述已然汗牛充栋，所以本书愿用一则新出土史料《杜审权墓志》来加以说明。

杜审权出身中古时期著名大族京兆杜氏，为太子宾客杜元绛之子。根据《旧唐书》等史料的记载，杜审权在进士及第之后，进入浙西节度使幕府。通过制科考试，出任右拾遗。唐宣宗即位后，授翰林学士，累迁兵部侍郎、学士承旨。唐懿宗李漼继位，出任镇海军节度使、同平章事。平定庞勋之乱后，加授检校司空。入为左仆射，册封襄阳郡公，人称“小杜公”。不善为相，出任河中、忠武军节度使，卒于任上。

传世文献中的杜审权“不善为相”，所以一直在地方任职，也就是一名典型的使相。在平定庞勋之乱后，杜审权入为左仆射，可能是在中央工作不太顺利，于是继续出任地方。那么，在出土文献之中是怎样描述的呢？我们先来看一下《杜审权墓志》的原文。

唐故忠武军节度使开府仪同三司检校司徒兼太子太傅同中书门下平章事赠太尉京兆杜府君墓志铭／门吏中大夫守中书舍人上柱国赐紫金鱼袋崔朗撰／前乡贡进士郑蠙书／上受命之明年，丞相杜公留镇许昌。粤以其年七月十八日移疾告薨，享年七十有二。爰命旧吏中书舍人崔朗勒铭以纪。谨案：杜氏出自／唐尧，刘累后历夏商，为御龙豕韦氏，殷末迁国于唐。周成王灭唐，又迁之杜，爰封杜伯。洎隰叔奔晋为大夫士氏，厥后士会世居杜城者，皆袭／杜伯为氏。居鲁，大夫泄继之。在汉，御史大夫周以豪族自南阳徙茂陵，始为京兆人。子延年又迁杜陵，大为三辅右姓。晋当阳侯以勋庸显，子/眺以襄阳望族闻。六世祖安吉公讳淹，克相王室，四国以藩。载于赓歌，叶赞明允。五世伯祖莱国公，业絛绨搆，佑弼我圣功，一匡其刑德。/以表有夏，格于元龟。曾祖讳倩，洋州长史，赠户部尚书。祖讳佐，大理寺正，赠太师。先考讳绛，太子宾客，赠太尉。公讳审权，字得钧。绍弈叶之鸿/休，钟炳灵之异秀。显其积庆，丕耀耿光。少时，世父丞相元颖异其杰立，尝指视谓人："此特操不群，期必经邦成化，后居位且过我。"当世名公/巨士，折位旋行，悉愿从公游。大和五年射策上第，授弘文馆校书。始从鄂州崔公尚书郾为观察推官，复为浙江西道推官。就吏部试两/题，判入上等，得蓝田尉一年。郑相国肃镇河中，奏监察御史专掌记室事。拜右拾遗，迁右补阙。假名器者悉退去，不以其付者必直闻。用饰/正言，不为扛挠介意。进起居舍人，修注记十卷。笔削无遗事，训齐謩谟，启迪后圣为大范，改司勋、考功、吏部三员外郎。居考功吏部，黜陟不得/容私。黠吏洒洒，奉事以无忽。自拾遗至考功员外，悉得兼修撰。居太史馆，尽细石室，裁成义类。未几，为兵部郎中兼侍御史知杂事。慎守程度，／国章无党。轨物齐人，雅雅有序。上思得才华懋实，润色圣谟。典职纶翰者以本官，即命知制诰。踰年，加中书舍人，用知贡举。考文行以／声实，稽宪章以程才。敷求无得容间，显拔隽良，千万籍口。诏加锡紫绶金鱼，拜礼部侍郎、防御陕州观察使。先是，居河之渍。激湍毁没民田，／移于中沚。税籍甚苦，不能免复。公一除去之，百姓喧哗相与。喜人人安生，无转从流亡，闾里益貌。上复念，即理于阙下，因表以能叶中／训、明练于刑政，拜刑部侍郎。因守本官直翰林，承旨密勿无与比，累加户部、兵部侍郎。在禁载洁其矩，不以其所为加于人，用其静以道／自胜。懿帝龙跃丕图，新造区夏。期弘大教，缉宁于邦家，乃以本官同中书门下平章事。在昔相国季父居内署，能以谠议克扶大业／而尹天下。公复在重任，允叶明谟，以光辅先皇。谐二圣之昌期，居一家而克绍。迨垂统辅化万方，治理兵革水旱，无以灾为。四夷面／内，罔有不率。澄九流于既清，启四门以尽辟。涨海不惊，重译践迹。奏请外府，辟从事，雄其才。当岁得叙九品以来，群俊进士三年得赴。选／诏从之，转中书侍郎，兼工部尚书、集贤殿大学士、户部吏部尚书兼门下侍郎，兼修国史。万邦惟宪，百僚师师，用表正于上下。公既道直不／欺，匡救必举。将安止足之分，亦不以言明于同列。暨伏奏上前，必尽诚以免告。因拜疏沥恳，不报，连章三上，请益坚，不能夺，乃授钺镇海军／节度使，兼中书门下平章事。恩加愈隆，诏检校左仆射。值徐方戍卒自岭徼煞帅叛归，立军正庞勋，日为剽害。内戕其守，拒命攻取。聚党／数万，内外骚动，上命征淮蔡、魏博、陈许、河南之师以除之。兵连年不解，绵地且千，尽吞贼境。驱汴穷民，委食与帛，逼下泗州，将据其要，涉／淮之南。暨连江营屯相属，水军陆战，常一日数合。淮南士女老弱惴恐，旦旦争渡江，且盈万户，里閈无与容迹。公分兵棋布，军令精明不敢／犯，悉庇以生保貌聚。泗守杜慆擐甲尽敌，城益危，攻取益坚。士卒斗伤，久食尽，道不通，无相与继。公即命都将翟行约将千人会讨。行约占／山驰下，贼穷不得达，其进弥厉，群党大炽。步斗且久，直奏四山下，值伏兵尽格煞，遂围淮口。辛谠乘城来告，传慆命，再乞与师。益千人，复遣衙／前将赵巽往。合淮南军载米盐益万一千五百斛，得天使张存诚新罗船，外设版竖女垣，在上分布士卒，杂淮南弩手，用楚州军合势，先发／断斫锁。淮贼路被，顺风直进，军皆大呼殊死，遂疾城下，凡三活泗人，计粮盐军用益数十万，帅臣得以功加于上。获持久，以全卒，擒徐恶。／诏加检校司空，进司徒，兼尚书左仆射，公亦未尝自以为功。上方再倚以为用，会亲连贵里，忽忽不乐，惧以疾辞。俄复仗节河中，检校／司徒平章事。蒲民饮食充充然，产有恒心，就加太傅。二年，授忠武军节度使、平章事如旧。凡丘赋军食必备，民间婚娶丧祭必以时。日得嬉戏／燕乐，拔拒军中各无违意。廪盈于粟菽，库羡于钱镈。上将诏归，垂默以共理之。未踰年，贵人遽以传告。内外震惊，上追恸，不视朝三日。／赠太尉，复命谏议大夫李汤以吊，工部侍郎李景温以册就第，仍赗粟帛。以其年十月十五日归葬京兆府万年县洪原乡少陵原，以从／先太尉之茔，礼也。公先妣清河崔氏，赠魏国太夫人，开元中御史大夫隐甫之曾孙，陕府右司马赠右庶子胜之女。寔有明德，耀于宗亲。／夫人陇西李氏，山南东道节度使文公翱第六女，累封鲁国夫人。显显令懿，葆光于家。内职以仪，荐我明祀。洎咸通六年居浙右，先公即世。／季弟致美，前任左拾遗。子五人，长曰让能，登进士第，累迁长安尉，校理于集贤院；次骧，度支推官、检校户部员外郎，兼侍御史；次彦林、弘徽、汝／砺，皆以进士知名，器抱冲深，识有兼量。各怀经济，赫大其声。振耀斯文，韡韡弥茂。女一人，适监察御史李凝庶。公道贯古今，学识宏达。居家／严肃，不见惰容。静专动捡，斯须不违于仁。室无异处，不事其华。端默思道，必终日而亡倦。擅声籍于朝，亦不以峻洁为任。教化顺其所理，务／以匡济为用。扶翼调畅，旁礴亭毒。守中和于程序，无得踰其出入。在西掖，成《纶阁集》廿卷；在翰林，编《金门集》廿二卷、着《杂文赋集》卌卷、合前注／记七十余卷。恢张帝业，赫赫谋猷。大明高悬，六幽必被。浮伪尽斥，华实相资。般周诰盘，无得以踰。可谓穷经纬于天人、克成声于九变。潜动／垂象，文律以清。洪纤式孚，幽蛰尽起，邈不可具举。朗以荒薄无似，获备宾吏，得篷门下，具昭懿范。衔悲刻载，以永终极。铭曰：

维唐垂衣，庆亿万祀。圣十八叶，贤相辅位。明明太尉，体德顺祉。光我有夏，风雨以赐。日月及照，革以丕至。两河漠矣，三边弗备。无有戎事，以弼以理。载安分陕，惠养寔貌。化未于期，赤子宛宛。暨提使符，来江之浒。狂卒埏灾，万不能御。烟涨梯冲，泗城在下。夫饥儿号，窜食无所。亟告亟来，兵即付与。淮流激奔，断锁以斧。叫噪齐拏，惊雷疾雨。委食以食，父以汝汝。三入羸粮，泗人尽哺。上加好爵，陟位司徒。稽首拜首，衮衣以敷。上省元勋，式遏于蒲。三事尽加，次授忠武。安尔井丘，怀我士伍。濯热以风，无苛以虎。凞凞春令，跃跃畴人。既亡逋滞，亦富其隣。上启元命，丕新龟图。昭嘏于神，来期讦谟。宸襟虚凝，翼赞是俞。将驾云亭，天地告孚。弃而不世，负山以趋。四海茫洋，三军洏濡。植德既蓑，是崇是大。于以克配，伊元功是戴。志此贞石，永永无斁。

在墓志中我们可以看到，杜审权的本职工作是“忠武军节度使”，“开府仪同三司、检校司徒兼太子太傅”是他的加衔，恐怕是没有实际的权力的。“同中书门下平章事”，说明了他的使相身份。“赠太尉”则是在他死后，朝廷赠予了三公之位。

志文首先叙述志主杜审权之去世时间、享年及写作缘由，其后叙述杜氏得姓的由来以及杜审权这一支的家系。关于杜氏来源的书写，源出《左传》《国语》等书，又为《元和姓纂》所沿袭。其后叙述前汉杜周、杜延年父子曰，“御史大夫周以豪族自南阳徙茂陵，始为京兆人”，而《史记·杜周传》却说“杜周初征为廷史，有一马，且不全；及身久任事，至三公列，子孙尊官，家訾累数巨万矣”，《汉书》也承袭了《史记》的说法。可见司马迁认为杜周为廷史之时，家财仅有一马，而位列三公之后，家资巨万。也就是说，在杜周刚刚开始做官的时候，家族就算称不上贫寒，也绝非豪富。且《史记·酷吏传》云：“义纵担任南阳郡太守时，把他当作得力助手，后来推荐给张汤，担任廷尉史。派遣他查办边境郡县的损失情况，判罪处决的人很多。上奏的事情合乎皇上的心意，受到信任，与减宣相互接替，先后担任中丞十几年。”减宣的传中说：“将军卫青派人到河东买马，看到减宣能干无比，就向皇上推荐，被征召到京城当了大厩丞。减宣当官做事很公平，逐渐升任御史和中丞。皇上派他处理主父偃和淮南王造反的案件，他用隐微的法律条文深究诋毁，所以被杀的人很多，被称赞为敢于判决疑难案件。他屡次被免官又屡次被起用，当御史及中丞之官差不多有二十年。”杜周与减宣交替为中丞的时间，乃在主父偃及淮南王刘安谋反事稍后，也就是说杜周作为廷尉属官廷史的时间应是在主父偃及刘安事件之前的“义纵举为廷尉史”时期。按刘安死于元狩元年（前 122），主父偃则因齐王自杀无后一事，于元朔二年（前 127）被族诛。而汉武帝下达《迁茂陵令》，乃在元朔二年（前 127）夏。也就是说，按照《史记》与《汉书》的记载来看，为廷史时家财仅有一马且不全、尚未发迹的杜周不可能骤然拥有家财三百万，而如墓志所说以豪族自南阳徙茂陵。就算杜周家族在其后因为位至两千石而徙于茂陵，也不应该留下“以豪族徙茂陵”的说法。因此，墓志中所见的写法，应是杜氏宗族在唐代出于对祖先的“隐恶”而进行的修饰。

其后，志文继续叙述杜审权先代家系。由志文所述家系来看，诸文献之中的记述颇有谬误。《新唐书·宰相世系表》中的记述是杜淹生敬同、敬同生从则、从则生自远、自远生繁、繁生佐、佐生元绛、元绛生审权；《元和姓纂》中的记述则是杜淹生敬同、敬同生从则、从则生自远、自远生佐、佐生元绛、元绛生审权；《旧唐书·杜审权传》的记述是杜审权六代祖为杜如晦，祖佐，佐生元颖、元绛，元绛生审权；《新唐书·杜审权传》的记述与《旧唐书·杜审权传》相同。今按志文可知，杜审权六世祖为杜淹，曾祖杜俌、祖父杜佐、父杜绛，杜如晦乃是杜审权的五代伯祖。如此来看，诸文献之中唯有《元和姓纂》的记述与墓志应是相合的，也就是说《新唐书·宰相世系表》中多出了“杜繁”这一代，两《唐书》记述错了杜审权与杜如晦的关系。《唐翰林学士传》一书也注意到了《新唐书·宰相世系表》中记述的错误，但可能出于材料所限，对“杜繁”这一代未曾深究。

接下来，志文用了近一千六百字的篇幅来叙述志主杜审权的一生经历。其篇幅之宏巨、内容之丰富、叙事之详细，实为中古墓志所不多见。按志文所述，杜审权于大和五年（831）射策上第，这一点为两《唐书》所不载。在担任弘文馆校书郎之后，杜审权跟从崔郾为观察推官，又担任浙江西道推官。关于这一段经历，《旧唐书·崔郾传》云：“(郾)出为陕州观察使……居二年，政绩闻于朝，迁鄂岳安黄等州观察使。又五年，移浙西道都团练观察使。”同书文宗纪下云，“(大和四年春正月)壬辰，以兵部侍郎崔郾为陕虢观察使”、“(大和五年八月)戊寅，以陕虢观察使崔郾为鄂岳安黄观察使”、“(大和九年秋七月)辛酉，以鄂岳观察使崔郾充浙西观察使”，则墓志所述杜审权跟从崔郾为推官的经历，与《旧唐书》所述完全吻合。这样来看，杜审权在大和五年（831）考中科举之后，在担任了一段时间的弘文馆校书郎之后，先跟从时任鄂岳安黄观察使的崔郾担任观察推官，然后在大和九年（835）转为浙江西道推官。前引《唐翰林学士传》一书指出，《旧唐书》本传记述杜审权“释褐江西观察判官，又以书判拔萃，拜右拾遗，转左补阙”，与《新唐书》所述“第进士，辟浙西幕府”必有一误。今据志文，可知《旧唐书》记述有误，应是“浙江西道”，且两《唐书》均以为杜审权刚一做官便担任观察使僚佐，实际上在此之前还曾短暂担任过弘文馆校书郎。此后，杜审权应吏部之试，被判入上等，担任了一年蓝田尉。需要注意的是，唐代士子科举及第之后，一般来说并不是马上就可以做官的，而是需要经过吏部试选拔的，故而吏部试又被称为“释褐试”。而杜审权刚一登第便可以为官，恐怕与其家族，尤其是其伯父杜元颖脱不开干系。其后，可能是由于崔郾卒于浙西任上，杜审权跟随时镇河中的郑肃，担任监察御史专掌记室事，拜右拾遗，迁右补阙。其后杜审权任职频繁，升迁为起居舍人，又改任司勋、考功、吏部三个司的员外郎。没过多久，又担任兵部郎中兼侍御史。一年之后，加中书舍人官衔，掌管科举。成书于大顺二年（891）的《东观奏记》中记载大中九年（835）科举泄题案之廷议说：“（大中九年）杜德公（杜审权谥号为德，所以称为德公）当时担任中书舍人，对执政者（宰相）说：‘我曾经两次担任科举考官，每次都在考试之前，先把考官控制住，然后才开始考试。如果在考试前先得到了考题，考得好是必然的。考试要先进行糊名，那么考官就与考试结果无关。本次泄题案，罪责在总负责的上官，监考官不应当承担罪责。’”结合《旧唐书·杜审权传》所言，（大中十一年）杜审权正拜礼部侍郎，其年冬天出任陕州大都督府长史、陕虢都团练观察使，加检校户部尚书、河中尹、河中晋绛节度使等官衔，可见杜审权任职中书舍人的任期，可能一直延续至大中十一年。另外，前引《唐翰林学士传》

曾经指摘，《旧唐书·杜审权传》将杜审权任河中节度使一事由咸通十一年（870）大大提前至大中十一年（857）。有关这一点，首先《旧唐书·懿宗纪》在咸通元年（860）即有出任河中晋绛节度使的记录，且志文后半段说杜审权在平定庞勋之乱后“俄复仗节河中”，也就是说之前是已经担任过河中节度使的。

在《杜审权墓志》之中所见关于庞勋之乱的叙述，首先值得注意的是“徐方戍卒自岭徼煞帅叛归”及末尾“徐恶”两处。目前所见与此事件相关的出土文献，如《刘忠礼墓志》《李棁墓志》。当然，目前所见墓志之志主均是具有相当身份的官府中人，李棁更是与崔彦曾一起被庞勋所杀的官员之一。立场所限，视庞勋为贼是理所当然的。但是，诸石刻所见均称该事件为“徐方之乱”或类似的称呼，这样的书写方式与《旧唐书》是如出一辙的，也就是说，迟至后晋、《旧唐书》成书之际，在人们的认识之中并没有认为此事与南诏存在必然的因果关系，如果将庞勋等人换一个地方去戍守而不轮替的话，他们依然会反。而到了《新唐书》之中，记述就完全不一样了。虽然《新唐书》列传之中亦有类似“徐方之乱”的称呼，但在对整个事件所定基调这个问题上，本纪理应比列传更具参考价值。双方记述的区别很明显，一方的重点落在“徐方”，也就是将庞勋之乱视为地方性的叛乱。而另一方重点则在“桂林”，也就是南诏。也就是说，宋人将唐朝灭亡的原因总结为，唐与南诏之间连年不解的战争以及其引发的一系列事件。

接下来，志文中记述徐方戍卒“对内杀死将领，抗拒朝廷命令”。此处“对内杀死将领”，因其叙述是在“立军正庞勋为首领”之后，故而绝非是指前引《旧唐书·懿宗纪》中所述“许佶、赵可立杀死将领王仲甫”，而是其后的“（咸通九年九月）乙未，庞勋陷徐州，杀死节度使崔彦曾、判官焦潞、李税（棁）、温延皓、崔蕴、韦廷乂，惟免监军张道谨”。因庞勋攻陷徐州，杀死了节度使崔彦曾及其部下多人，故曰“戕其守”。关于这一点，在被庞勋所杀的前引《李棁墓志》中也可以得到确认。《李棁墓志》题头云“唐故徐宿濠泗观察判官试大理评事兼监察侍御史李府君墓志铭”，且志主李棁“大夫崔彦曾在徐方为官，选择属吏来辅佐自己”，从而跟随崔彦曾，作为他的属官而与崔彦曾一同被叛军杀害，也就是说此李棁即应是《旧唐书·懿宗纪》所记述的“李税”，因二字相近而产生了讹误。但是，《李棁墓志》中却将李棁死亡的时间记为“时咸通十年四月五日也，君享年五十七”，这是一个令人十分费解的问题。考《旧唐书·懿宗纪》

所言，庞勋在咸通九年（868）九月乙未（初五）即攻陷徐州，随即将崔彦曾及其部下杀害。《旧唐书·令狐绹传》记载“其年冬天，庞勋杀害崔彦曾，拥兵六七万占据徐州”。《旧唐书·崔彦曾传》记载为咸通九年（868）九月十八日。如此来看，诸史料所言崔彦曾及其属官的遇害时间皆不统一，但都集中在咸通九年（868）九月之后的这几个月之间，且除《李棁墓志》之外的史料皆认为庞勋在攻占徐州之后，随即将崔彦曾等人杀害。而联系到庞勋不久之后“抗表请罪，仍命群凶邀求节钺”，在甫破徐州之时，也许庞勋所想的只是接受朝廷的招安，在最后招安无望走投无路之时才将囚禁的一干官员尽数杀害。前引《旧唐书·崔彦曾传》云，庞勋在杀害崔彦曾等人之后，并非自立为王或以其他的方式竖起反旗，而是“自称武宁军节度使”。且《资治通鉴》也记载了庞勋等对属下所说的话“我们擅自回乡，只是因为想念妻子儿女罢了。现在听说朝廷已经有密敕下达至本军，如果密敕到达的话，那么我们都会遭遇灭族之祸。大丈夫与其自投罗网，为天下所笑，还不如同心同力，一起干一场大事。到时不仅可以逃脱罪责，而且还可能求一场富贵。何况城中的将士都是我们的父老兄弟，我们在城外振臂一呼，城内必然群起响应。然后我们等待招安，就可以跷着脚等待富贵了”。这充分说明庞勋只是待价而沽而已，只是唐廷从没想过招安罢了。且《李棁墓志》云徐州失守之后“崔彦曾与他的宾客幕僚都被叛军抓住，朝廷为了解救他们连饭都吃不下，向各个藩镇征求兵将讨伐叛贼，多次击败庞勋。恰好庞勋乱军因为多次兵败，所以起了内讧，在内讧中将崔彦曾和他的宾客幕僚全部杀害”，这分明是被囚禁了很长一段时间的意思。那么，为何其他史料皆云崔彦曾等被俘即被杀害呢？恐怕是由于徐州城内与外界音信不通，所以不知道他们还活着。等到平定庞勋之时，庞勋却又在临近灭亡的癫狂之下杀死了俘虏，以至于唐廷始终以为崔彦曾等人早已死去。

在庞勋“聚党数万”，继而“内外骚动”之后，唐廷“征淮蔡、魏博、陈许、河南之师以除之”。据《旧唐书·懿宗纪》所载，由康承训任徐泗行营都招讨使，率领诸道之兵出军日期乃在咸通十年（869）正月一日。《资治通鉴考异》援引今已散佚的唐郑樵所著《彭门纪乱》及《新唐书·懿宗纪》认为这一时间应在咸通九年（868）十一月。由于庞勋攻陷徐州乃在咸通九年（868）十月，唐廷于次月出兵是有可能的。《旧唐书·懿宗纪》亦在咸通九年（868）十月记曰“十月，诏征河南、河东、山南诸道之师”。

但是，这并不一定意味着康承训任徐泗行营都招讨使也同样在咸通十年（869）正月之前。《旧唐书·令狐绹传》记述，庞勋攻打泗州时遣使向令狐绹致书曰："朝廷多次下诏宽恕，抗拒不肯投降的只不过两三人而已，早晚可以把他们除去，到时我一定捆绑了自己请求投降，希望您多向朝廷求情，让朝廷宽恕我。"由于庞勋屡次上表请求宽恕，恐怕在唐廷内部对是否招安庞勋一事有过激烈的讨论。那么这样的话，唐廷正式派遣名将主持、大军剿灭的时间，就有可能延后了。虽然各种史料均未明载决议的经过，但仍可见到些许蛛丝马迹。直到后来，因为庞勋军缺少军粮冬衣等补给，而唐廷又迟迟没有决断，所以有了后来吃人的疯狂举动。那么，让唐廷彻底下定决心，放弃招安，转而剿灭庞勋乱军的时间，就应在庞勋攻陷滁、和、楚、寿诸州之后。按《新唐书》所言，庞勋攻陷滁、和二州的时间乃在咸通九年（868）十二月。若说庞勋在唐廷已经出兵，且由康承训这样的名将挂帅、集合诸镇七万余兵力前来围剿的情况下，还有余力攻城略地，恐怕是不现实的。因此，虽然还不敢说《旧唐书·懿宗纪》的时间记录一定准确，但可知康承训任都招讨使时间应在十二月以后。

其后，庞勋乱兵"逼下泗州，将据其要，涉淮之南"，也就是开始了泗州守城战。此时因淮南百姓“士女老弱惴恐，旦旦争渡江，且盈万户”，而杜审权“分兵棋布，军令精明不敢犯，悉庇以生保貌聚”。《旧唐书·杜审权传》记载“（咸通）九年罢相，检校司空，兼润州刺史、镇海军节度使、苏杭常等州观察使”，而《旧唐书·懿宗纪》则记为“（咸通五年二月）以门下侍郎、兵部尚书、平章事杜审权为润州刺史、浙江西道节度使”。《唐翰林学士传（晚唐卷）》早已指出其时间差异，并根据《全唐文》所载《授杜审权镇海军节度使制》一文认为，杜审权罢相、出任镇海军节度使时间应在咸通四年（863），与《新唐书》宰相年表记述相同。但是，据近年新出《杜敏求墓志》，杜审权在撰写墓志的咸通八年（867）三月六日时的官职为“镇海军节度、浙江西道观察处置等使、特进、检校尚书仆射、同中书门下平章事、上柱国、襄阳郡开国公，食邑二千户”。如此可知，至少在咸通八年（867），杜审权仍任同中书门下平章事。《授杜审权镇海军节度使制》中虽授杜审权镇海军节度使，却没有解除同中书门下平章事，这与《旧唐书·杜审权传》之中的记载并不矛盾。结合墓志，更可知杜审权此时应身在润州，任职浙江西道节度使，所以能够在庞勋围困泗州之时，派遣都将翟行约率领千人前往支援,《旧唐书·令狐绹传》和墓志志文中也提到了翟行约中伏被俘一事。泗州刺史杜慆，乃是杜佑之孙，与杜审权同属京兆杜氏。在翟行约中伏兵败之后，杜慆故旧好友、与其同守泗州的辛谠再次向杜审权求援，于是杜审权“再次增兵千人，派遣衙前将赵巽带兵前往”。此处衙将姓名，因“巽”“翼”二字字形相近，容易产生讹误，应认为墓志是对的。杜审权所支援兵士及米盐数量因杜审权存在记错的可能，故而难以判断孰是孰非，但予以泗州支援是确凿无疑的。

墓志在此事件最后部分说杜审权多次营救泗州人民，耗费军粮数十万石，所以才能够擒拿庞勋，似乎将功劳全部归于杜审权。但是就之前的考证来看，杜审权只是在庞勋围攻泗州之时，给予了一定的支援而已。之所以要在墓志中突出杜审权的作用，恐怕也只是因为墓志撰写要站在杜审权的视角，以杜审权为主角来进行书写。实际上，杜审权在平定庞勋之乱的战役中起到的作用是比较有限的。

综合墓志来看，至少杜审权这名“使相”，他的一生辗转于地方，对中央的影响应该说是相当有限的。这也可以看作是中晚唐一名节度使“使相”的缩影。

# 第二章

# 三省制度

## 一、三省制度的前身——三师三公制度

如前文所述，三省负责制度也就是一种多元分立、多元共存的制度，这种制度的思想来源，应是秦汉时期的三公分立。所谓的三公，后世的书籍均认为周朝就已经设立，这种说法的来源是《周礼》(或称《周官》)等书籍。但是，现在我们知道，《周礼》这部书的成书时间上限只能到战国中晚期，成书时间的下限甚至

到了西汉末年。那么其中所描述的周朝官制就很值得怀疑了。至少，就现在的洛阳地区考古成果来看，与《周礼》中的描述差别还是很大的。也就是说，现在我们所说的三师或者三公的官名，最早只能上溯到秦汉时期。

所谓的三师与三公，各个时代的官名不尽相同，但是他们都履行了一部分宰相的职责。三师，是一种训导之官。汉哀帝、平帝期间，开始把天子老师的官位列在三公之上，称作“上公”，也就是说即使天子也需要以人为师。以后各代或置或废除，大都不统辖具体职任。到了北魏时期，才开始正名曰三师。但非德高望重的人不能任此职，如果没有符合条件的人，那么宁肯空缺，也不能滥竽充数，所以在北魏之后的各代大多作为赠官。唐沿袭隋朝旧制，有时由亲王任三师之职，但都是有其名而无实职。由于三师三公制的基本特征，尽管各朝代不同而官制名称不断发生变化，但在历代改朝换代中在运动机制上保持了其延续性，所以它的政治功能和社会地位是一直未根本改变的。而三省制虽然在名义上始于隋唐，但究其根本应该说还是三师三公制度的延续。

三师分别是太师、太傅、太保。《尚书》中说，周成王废除了殷商的统治，在消灭淮夷之后，回归丰京制定《周官》，并设立太师、太傅、太保，称为三公，研究治国安邦之经略，协调治理国家的大事。孔安国认为，所谓的师，就是指天子所效法的人。所谓的傅，就是指辅佐天子的人。所谓的保，就是指用德义来保卫天子的人。《礼记》中说，设置四辅及三公的职官，不是一定要齐备的。根据有没有德才，是否兼备符合条件，有这样的人就设置，无则不设，有几人设几职，不能滥竽充数。汉朝继承秦的体制，不设置三公（以丞相、太尉、御史大夫来履行三公职责）。到了西汉末年，又把大司马、大司徒、大司空称为三公。太师、太傅这一类的官员，位在三公之上。东汉沿袭西汉的制度，把师、傅类官员尊称为“上公”，让他们开府建衙。魏、晋、南朝各代都比照两汉进行设置。北魏尊称太师、太傅、太保为“三师”，北周又称为三公，隋朝再次称作三师，唐沿袭隋制。《汉书》中说，太师、太傅、太保，都是上古时代所设置的官职，授金印及紫色绶带。《齐职仪》中记载这一类官员的品阶为一品，挂金印、紫色绶带，头戴三梁进贤冠，身穿绛色朝服，佩戴深青色玉石。周武王以太公望为太师，所以《诗经》中说：“维师尚父，时维鹰扬。”周成王以周公、召公为太师，所以《尚书》中说召公为保安之官，周公为师傅之官，二人是成王的左右辅佐。

汉高后吕雉元年（吕后是中国历史上第一个拥有自己纪年的女性），由右相王陵担任太傅之职，不久即被裁撤，汉高后八年又重新设置，不久又再次撤销，一直到汉哀帝元寿二年（前1）才重新设置。汉平帝元始元年（1）设置太师和太保，孔光由太傅改任太师，王舜以车骑将军担任太保，王莽以大司马任太傅，同时还设置了少傅，总称为四辅。王莽篡位以后，以太傅、太保、国师、国将为四辅。东汉光武皇帝只设置了太傅，又设置了太傅的属下官员，由原高密令卓茂担任。汉明帝时邓禹任太傅，汉章帝、安帝以后，各帝初登位时都设置太傅来帮助皇帝处理政事。这种体制下，一旦任职人去世，也就不再重新设置。到了东汉献帝初平二年（191），又设置太师，由相国董卓担任此职。曹魏时钟繇和司马懿担任太傅，郑冲任太保，却没有设置太师。晋因避景王司马师的讳，于是使用周朝官名，设置太宰来代替太师。晋武帝时由安平王司马孚任太宰、郑冲任太傅、王祥任太保，江左各代的太师都沿袭晋制为太宰。梁采用十八班制，班数越多越显贵。太师为上公，班第十八，俸粮万石。陈作为赠官，有品无职。北魏的三师都为正一品，不是功勋品德重的人不能担任，为北齐所沿袭。北周依照《周官》制度，设置太师、太傅、太保为三公，不设置府僚。隋沿袭北魏称三师，沿袭北周不置府僚，开始置三师，位在尚书之上，到隋炀帝大业三年（607）又恢复了三师建制。唐代依照隋制，重新设置三师。

与三师相比，三公则是研究天人根本理论的官（其实没有根本性的区别）。辅佐天子，调理天地阴阳，治国安邦，没有什么不属于其统辖范围之内的政事，所以其职权不能以一种官名来表示。自秦汉以来，尽管具体名称各代不一，但三公的职任都是保留着的。从隋文帝开始，裁撤了三公的僚属，唐沿其制，有时由亲王任其职，不过也只存其名位而无实职了。

三公第一是太尉。《礼记·月令》中说，王任命太尉，来表彰杰出的人才。《汉书·百官公卿表》中认为太尉乃是秦官，应劭注解认为，尉的意思，就是自上而下安定社会。《齐职仪》中说，太尉官职为一品，佩金印和紫色绶带，戴三梁进贤冠，身穿绛色朝服，佩深青色玉佩，郊庙祭祀服冕服、七旒，穿深青色上衣和绛色下衣，衣服上绣有七种纹饰（绣有日月、星辰等图案，每图为一章，天子十二章）。《春秋合诚图》中说，唐尧坐在船中，与时任太尉的虞舜观看凤凰授图。《春秋运斗枢》中说，虞舜由太尉而当皇帝。两汉时期图谶、纬书相当盛行，都是以天命的说法来解释儒家经典，虽不能说明上古时期的事情，但至少可以反映汉朝时人们的观念。正是因为这些谶纬之书都是汉朝伪造而假托上古之名，所以班固在编《汉书》时未予采纳，但是汉朝确实设置了太尉这一官职，这一点是没有疑问的。汉初时期时而设置太尉时而裁撤，卢绾、周勃、灌婴、周亚夫、田蚡都先后担任过太尉。汉武帝元狩四年（前 119），设置了大司马来代替太尉，东汉建武二十七年（51），裁撤大司马，又重新设置太尉，由太仆赵熹任职，与司徒、司空并称三公。汉灵帝时期，由刘虞担任大司马，同时保留太尉之职，从此大司马和太尉开始并行设置。依照汉朝的制度，三公官府分别统辖九卿，太尉则统辖太常、卫尉、光禄三卿。三公官府都设置有各自的僚属，月俸三百五十斛。汉献帝建安十三年（208），裁减三公之官，设置丞相。曹魏初期又重置三公，同时设置大司马。历经南朝宋、齐、梁、陈、北魏、北齐各代，都设置三公，并开府设置僚属。略有不同的是，刘宋设大将军不置太尉，南齐把大司马当作赠官。南梁的三公加秩到万石，列为第十八班。南朝陈为正一品，与大司马并置。北魏设大将军，不置太尉。北魏正光以后因天下多事（六镇之乱、河阴之变、东西魏分裂，都在正光四年以后），又并置太尉与大将军。隋设置太尉、司徒、司空为三公官，官职正一品，设置官府僚属，不久又把府僚裁去，三公地位则在尚书都省上。唐沿袭隋制，高祖武德初由秦王李世民兼任太尉。唐高宗永徽年间，由长孙无忌任职。自此以后由亲王任三公的，都不具备任何实权，祭祀之事也由别人代理。

三公第二是司徒。《左传》中说，上古时期的少昊（也就是黄帝之长子玄嚣）用鸟名作为官名，祝鸠即司徒。《尚书》记载，舜对契（殷商的祖先，也是黄帝之后）说，过去天下百姓不相亲随，家内尊卑之间不能和顺，自从你当了司徒，以宽厚的态度，兢兢业业地教导百姓遵循父义、母慈、兄友、弟恭、子孝的原则行事。这是你的功劳，希望你今后更加勤勉从事。司徒在周是六卿之一，为地官卿。《尚书》中说，司徒、司空、司马，都是国家的重要职任。司徒主管教化，宣扬五常的道理，以安和天下众民，使国家和谐。秦朝设置丞相，撤销了司徒。汉初因循秦制，到汉哀帝元寿二年（前1），把丞相改名为大司徒，与大司马、大司空合称为三公。东汉光武帝建武元年（25），由前将军邓禹担任大司徒。建武二十七年（51），朱佑向皇帝建议说，从前契担任司徒，禹担任司空，司徒、司空这两个官职前面并没有“大”

字。从此二官衔前就去了大字，恢复为司徒、司空。汉制之中，司徒部领九卿中的太仆、鸿胪、廷尉三卿。东汉末年，不设置三公，而设置丞相。曹魏恰好反过来，不设置丞相，而设置三公，由华歆任司徒，晋以何曾任司徒。赵王司马伦篡位后，由梁王司马肜任丞相，裁撤司徒。司马伦死后，又再次设置司徒。晋永嘉元年（307），王夷甫任司徒，东海王司马越任丞相，开始丞相与司徒并置。东晋以司徒王导为太傅，后改司徒为丞相，即以王导任丞相，以司徒府为丞相府。王导死后，又改丞相为司徒。刘宋丞相与司徒并置，南齐以丞相作赠官，南梁又并置，陈以丞相为赠官。北魏正光之后丞相与司徒并置，北齐不设置丞相，乾明年间又并置，北周既不置丞相也不置司徒。隋废丞相设置司徒，为唐所沿袭。各代的品级薪俸、章服待遇都与太尉相同。

三公第三是司空。《左传》中提到，少昊把鸤鸠氏作为司空的官名。《尚书》记载舜对禹说，你担任司空之官，治理洪水功劳很大，所以现在大家推荐你作百揆（百官之首），你应当更加勤勉。孔安国解释说，司空就是筑土为穴，供人居住的官职。也就是说，司空的空指洞穴，上古时期的人大多住在洞穴里。周的司空为天、地、春、夏、秋、冬官中的冬官，掌管国家的工程事务。秦撤销司空而置御史大夫，汉沿袭秦制。到了汉成帝绥和元年（前8），御史大夫何武建议，依照上古制度设置三公，于是改御史大夫为大司空。当时的人认为县、道的官狱有一种司空官，所以主张在司空前加一个“大”字以示区别，于是把司空改为大司空。汉哀帝建平二年（前5），朱博建议，对古代帝王的建制不一定非要沿袭。所以到了建平五年（前2），免置大司空而设置御史大夫。元寿二年（前1）又置大司空，大司空和御史大夫这两个官职从不并置。建武元年（25），根据当时的图谶所示，任命野王县县令王梁为大司空。建武二十七年（51），朱佑建议去掉“大”字又称司空。汉献帝建安十三年（208），再次裁撤司空置御史大夫。依照汉制，司空部统领宗正、少府、司农三卿。曹魏省去御史大夫而设置司空。景初二年（238），由司隶校尉崔林任司空。晋由荀顗任司空。南朝宋、齐、梁、陈，北魏、北齐各代，都不设御史大夫而置司空。北周把御史大夫和司空一并废弃。隋避讳“忠”字，所以把御史中丞改为大夫，另外又设置了司空，品级、待遇与太尉相同。唐沿袭隋制。

在三师三公彻底失去了实权，而成为名誉性官职之后，行使他们职权的官员并没有出现空缺，而是被三省长官所逐步代替。

与三师三公制度不同的是，秦汉时期的三师三公更像是百官的领袖，是一种领袖负责制；而隋唐时期的三省制度更像是一种委员议会制度。这也是三省制度与三师三公制度的区别所在。

## 二、三省制度的演变

尚书省设置尚书令一人，正二品。尚书令负责总领百官，主宰国家军政法制大事。效法周代的六卿体制，部属设置有尚书六部，凡是国家的政务都要会同裁决。秦朝建立之后，改革周的法制，由丞相府裁决天下大事。于是在皇宫中设置尚书，又另外设置令和丞，不过在这个时候，他们仅仅负责通报奏章之事而已。汉初沿袭秦制，汉武帝、汉宣帝之后，才委以稍重的职任。到了东汉光武帝亲理国政，将国家大事都归于尚书，由尚书与皇帝共同裁决，再下交三府执行，御史尚书就成了实际行使宰相职权的官员。自魏、晋以来，尚书令的职任尤为重要。唐高祖武德年间，太宗李世民为秦王，曾亲任尚书令之职，从此以后就缺而不置此职，国家核心军政大事都交由中书、门下处理，尚书省成为只领受已决成命的执行机关。

秦设置尚书，又设置了令和丞，归少府管辖。汉初沿袭秦制，在汉武帝、汉宣帝以后，尚书的职务逐渐重要起来。《汉书》中提到，汉宣帝时，任用中尚书官。汉元帝时，弘恭、石显两名宦官相继担任中书令之职。由于汉元帝身体孱弱，甚至不能亲理政事，于是委任他们来进行处理。及至前将军萧望之领尚书事之后，知道石显等人专权邪辟，于是建议：尚书之官，乃是百官的根本、国家的中枢机构，应当由通明公正的人士担任。汉武帝后期耽于后宫宴饮游乐，不亲政事，这才委任宦官处理政务。这不符合古代的制度，应当罢免中尚书之官。这里所说的中尚书，指中书和尚书。中书负责尚书闻之事，二者连起来称中尚书。到了东汉光武帝亲自总掌政务，大权都归于尚书，三公只按皇帝旨意或成规办事。《汉官仪》中说，尚书令主管奏报表章之事，总揽军政法制，职权范围极宽，没有不属其统辖之事，俸禄一千石。担任过三师、三公职位的人任此职时，朝会时不需要脱衣解履（就是所谓的“陛见”）奏事，并且将俸禄加到二千石。皇帝赐尚书令和仆射五时朝服（按春、夏、季夏、秋、冬五个时节所穿的五种朝服。其色依次为青、朱、黄、白、黑），凡是三公、列卿、将军、大夫、五营校尉行至皇城内复道之上，如遇尚书令、仆射和左右丞、郎，都要及时回避。卫士传呼，不得冲撞尚书长官。等尚书令车仗过后，方可行进。朝会大典时，尚书令和御史中丞、司隶校尉都专设单独座位，所以京城里把这几位职官称为“三独座”。晋尚书令为铜印、黑色绶带，头戴两梁进贤冠，服纳言帻，穿五时朝服，佩水青色玉佩，在朝班居右边头一位，授官时皇帝以策书加以任命。贾充任尚书时，因为患有眼病，所以奏请皇帝设置四名官员协助他来处理政务。从魏到两晋、宋、齐各代，俸禄都是一千石，官品均为三品。南朝梁加俸禄至中二千石，位居第十六班，南朝陈将品级升为第一品。北魏、北齐及隋各代，官品都是二品。唐沿袭二品之制，又加其他待遇鷩冕、八串玉珠、七章服、三梁进贤冠。东汉称尚书令、仆射和六曹尚书为八座，曹魏把六曹改成五曹，但设置有两位仆射，仍然是八座。唐代通常以丞相二人、六部尚书六人称为八座。东汉时尚书称作台，魏、晋以来称作省，也就是所谓的“台省”。唐初沿袭省这个名称，唐高宗龙朔二年（662）改尚书省为中台，咸亨元年（670）改回尚书省，武周光宅元年（684）改为文昌台，长安三年（703）又改为中台，神龙初又改为尚书省。

尚书省设置左丞相、右丞相各一人，并为从二品。尚书左、右相，其实就是左、右仆射。《汉书·百官公卿表》中说，仆射本是秦朝所置之官，侍中、尚书、博士、郎官都有仆射。古代重视武官，有主射官负责考核，所以用他所担任的职务为其官名，比如尚书，称尚书仆射。汉朝沿袭秦制，到了东汉献帝建安四年（199），由执金吾荣邵为尚书左仆射。仆射分左、右，就是从此时开始的。晋朝以后，又加置办事官员三人。魏、晋、刘宋、南朝齐时，尚书左右仆射的俸禄都是六百石，官阶均为三品。南朝梁将尚书左右仆射列为第十五班，俸禄为满二千石，南朝陈加为二品。北魏、北齐及隋都是从二品。自魏、晋以来，尚书如果设置二人就是分列左、右仆射，如果只有一位，就叫尚书仆射。《宋百官阶次》中说，尚书仆射地位比右仆射稍高，比左仆射稍低（当时以左为尊）。仆射的职责是执法，如果分列左右就称左、右执法，又与众曹尚书分领诸曹郎。如果尚书令空缺的话，那么左仆射就是尚书省的长官。东晋以来，祠部尚书大多不置，由右仆射主管。如果左、右仆射都缺，就得设置尚书仆射掌左事，祠部尚书掌右事。由此看来，尚书仆射和祠部尚书都不是常置官员，只有在左仆射有缺时才临时加设。隋朝设置左右仆射，官品为从二品，唐沿袭此制。自汉朝以来，仆射的章服与尚书令相同。唐高宗龙朔二年（662），改仆射为左、右匡政，咸亨元年（670）恢复仆射名称。光宅元年（684）改为左、右相，神龙元年（705）又称仆射。唐玄宗开元初年，再次改为左、右相。

左、右仆射负责总领六部尚书，主宰军政法制和百官，为尚书令的副职。在尚书令不再设置之后，负责统领尚书省。开元年间，张说以中书令兼任丞相，后来卸任中书令专任丞相。不过从此以后，就不再参与处理国家大政了。在这个时候，尚书左右相已经成了一种荣誉官职，不再具有宰相的实权。

尚书左丞一人，正四品上；右丞一人，正四品下。司马彪的《续汉书》中说："尚书丞一人，秦所设置，汉沿袭。到了汉成帝建始四年（前29），置列曹尚书职官，也置丞四人。到了汉光武帝减去二人，只设置左、右丞各一人。"丞即承的意思，指协助尚书令、仆射总理尚书都省政务。汉初设置列曹尚书四人，成帝时增加到五人。《汉官仪》中说，尚书令和左丞，总理法制，无所不统辖；仆射和右丞则管理仓库、救济、银钱、谷粮。晋朝的傅咸说，左丞有权上奏弹劾八座之官。自魏晋以来，左丞主管尚书都省机关内部法令，无论宗庙祠堂的祭祀，还是朝会礼仪、选士考察、纠举各类违法失职之事而无所回避。右丞主管仓库钱财、各地灾祸救济、牢狱设施及军兵器械等。这说明左丞的地位是高于右丞的。我们都学过《史记·廉颇蔺相如列传》中的部分章节，其中说蔺相如“位在廉颇之右”。实际上，以右为尊还是以左为尊，这并非一成不变。自魏、晋、刘宋以来，尚书左、右丞佩铜质官印、黑色绶带，穿绛色朝服，戴一梁进贤冠。从曹魏到南朝宋、齐，官品都是六品，俸禄四百石。南朝梁尚书左丞列为第九班，右丞第八班，同为四品，俸禄六百石。北魏至北齐，左丞正四品下，右丞从四品上。隋初，左丞从四品上，右丞从四品下，隋炀帝时左、右都是正四品。唐左丞正四品上，右丞正四品下。服絺冕、六串玉珠、三章服，戴两梁进贤冠。高宗龙朔二年（662），改为左、右肃机，咸亨元年（670）又改为左、右丞。永昌元年（689）改为从三品，神龙二年（706）又恢复旧制。

左、右丞负责管辖尚书省的内务，纠举违反典章制度的行为，辨正六部长官的礼仪，辨正全体官僚的文法，分工理事。如果左丞缺位，则由右丞兼理其职。如果右丞缺位，则由左丞兼理事务。如果御史纠举弹劾不当，左、右丞有权对他进行弹劾。

左司郎中一人，右司郎中一人，从五品上。汉初设置尚书郎四人：一人主管匈奴单于营部政务，一人主管西羌和其他民族官吏和民众的相关事务，一人主管户口和农业，一人主管财税货币和营运之事。东汉光武帝把尚书郎分为六郎，合计三十四郎。曹魏置有殿中、吏部、驾部、金部、虞曹、比部、南主客、祠部、度支、库部、农部、水部、仪曹、三公、仓部、民曹、二千石、中兵、外兵、别兵、都兵、考功、定课、都官、骑兵，共二十五曹郎。西晋加设直事、屯田、起部、车部、左士、右士、运曹，并将民曹、中兵、外兵曹郎分为左、右，主客又分为左、右、南、北，裁撤了农部、定课、考功，共计三十五曹，置郎官二十三人，分别加以统管。东晋置殿中、祠部、吏部、仪曹、三公、比部、金部、仓部、度支、都官、左民、驾部、库部、中兵、外兵，共十五曹。刘宋高祖刘裕加置骑兵、主客、起部、水部，合计十九曹。元嘉以后，增设了删定、功论二曹，而不设骑兵，合计为二十曹郎，南齐沿袭宋制。梁加置骑兵、虞曹、屯田，共二十三曹，陈又省去梁二曹。北魏共有三十六郎，北齐置吏部、考功、主爵、殿中、仪曹、三公、驾部、祠部、主客、虞曹、屯田、起部、左中兵、左外兵、右中兵、右外兵、都兵、都官、二千石、比部、水部、膳部、度支、仓部、左民、右民、金部、库部，共二十八曹郎。隋开皇初年，设置有吏部、主爵、司勋、考功、礼部、祠部、主客、膳部、兵部、职方、驾部、库部、都官、刑部、比部、司门、度支、户部、金部、仓部、工部、屯田、虞部、水部，共二十四曹郎。开皇三年（583），以刑部统领都官，民部统领度支。隋炀帝把六部尚书和他们统领的六个本司（如吏部曹、礼部曹、兵部曹、刑部户部曹、工部曹）合而为一，从而精简了六曹。唐高宗龙朔二年（662），把吏部改为司列，主爵改为司封，考功改为司绩，礼部改为司礼，祠部改司禋，膳部改司膳，主客改司藩，户部改司元，度支改司度，仓部改司庾，金部改司珍，兵部改司戎，职方改司城，驾部改司舆，库部改司库，刑部改司刑，都官改司仆，比部改司计，工部改司平，屯田改司田，虞部改司虞，水部改司川，司勋、司门二曹不改。到了咸亨元年（670），又恢复旧名。汉明帝时，馆陶公主为其子求郎官，明帝不许，而赐给千万钱，向众臣说："郎官上应星宿，外放要主宰一县，不是具备如此才能的人去任郎官，百姓就要遭殃。"依汉制，尚书郎主管文书起草，在皇宫的建礼门值勤。尚书省供给郎官细丝白绫被，或锦缎被，以及幔帐、毯褥、特制的通中枕。由太官供食物，汤官供饼糕、果食，五天一次美味佳肴，待遇只比皇帝低一等。另外，还给尚书郎设置品貌端正的侍使二人、侍女二人，手执香袋、香炉，随尚书郎进宫启奏。尚书郎奏事，可由建礼门而进神仙门，再至明光殿，达宫禁之中。宫禁之中都用胡粉（即铅粉，古代用来绘画）刷墙壁，画古贤列女图，红色油漆地面，所以称为“丹墀”。尚书郎手握香草，口含鸡舍香（《汉官仪》：“〔尚书郎〕握兰含香，趋走丹墀奏事。”兰就是香草，后以“握兰”指皇帝左右处理政务的近臣），奏事时与黄门侍郎对揖，黄门侍郎宣称“已闻”，即可退出。每月供给尚书丞、郎红管大笔一双，隃麋县产名墨一枚。御史中丞、侍御史如果在宫闱复道中遇到了尚书丞、郎，都应躲避在道旁，手执笏板作揖，丞、郎坐车只行举手礼。等到尚书丞、郎的车经过之后，才可以行走。两晋、刘宋、南齐、南梁各代，尚书省官上朝下朝都要禁断行人，并且成为制度。《汉官仪》规定，尚书丞、郎在见到尚书令和仆射时应拜见并朝贺，后对揖。丞、郎见各部尚书，要口称“明时”并对揖。郎见左、右丞时，要尊称“左右君”并对揖。依汉制，八座官、丞、郎在刚开始任职的时候，要会集于尚书都堂行交接之礼，调任也要交接解任。刘宋以后，只八座官办解任交接，而丞、郎不再办解任交接。从晋以后，八座官和丞、郎多不奏事。梁武帝天监初年，皇帝下诏说：“很长一段时期以来，尚书省体制松弛，郎官署置有官员，但无职事。文案等于摆设，高官显位虚置无业。虽空有可赴丹墀之名，却无握兰启奏之实。曹郎应当依照古制奏事。”从此开始实行丞、郎奏事制度。在秦朝初置郎中令时，下属的五官中郎将和左、右中郎将，俸禄都是比二千石，称为三署，署内置中郎、侍郎、郎中三官。郎中俸禄三百石，侍郎俸禄四百石，中郎俸禄六百石。这类官员人数不定，甚至可达千人。分属三署，主管宫殿门的武装警卫和夜间值更，皇帝出行则负责车骑。汉朝沿袭秦制，冯唐任郎中署长，杨雄任侍郎，担任的都是这种职务。《汉官仪》中说，尚书郎从三署郎中选拔，到尚书省进行台试，每缺一名尚书郎，则试五人，从中选拔。考试先考核呈送皇帝、太子、诸王的奏章文书。初入尚书省，称郎中，任满一年后称侍郎，任职五年后调任大县令，也可由郡国推荐。这里的郎中、侍郎名称，都是沿袭三署旧名。主管胡羌事的客曹郎，有可能一下子越级提升至二千石或刺史，业绩稍差一些也可以正常提升为县令。等到他们上任时，皇帝赐钱三万，由尚书、御史、谒者三台欢送，任满后可任其自报大县调任。不过汉代说的郎，多数不是指尚书郎。汉文帝时，直不疑曾任郎官，汉武帝时，颜驷为郎，三代没有升迁。汉武帝在位后期，由于国家财政紧张，所以允许富家子弟捐钱而授予官职，这种用钱财捐郎之制，指的是三署郎。到了东汉时期，尚书郎和三署郎还很难区分，有尚书和曹名冠在郎前的才是尚书郎。曹魏至两晋以后，不再设置三署郎。自汉朝以来，尚书省各曹通称尚书郎。汉代署、曹分置，职务相同。魏、晋、宋、齐只置郎中，梁、陈又两者皆置，北魏、北齐只置郎中。隋开皇初年，每司只置侍郎。到开皇六年（586），每司都加置员外郎。隋炀帝大业三年（607），把各曹的侍郎改称为郎，每曹二郎，不久又裁减一郎，别置一名承务郎，与开皇时期的员外郎相同。唐改郎为郎中，每曹又置员外郎。隋炀帝大业三年（607），尚书都堂的司开始置左、右司郎各一人，与各曹郎同为从五品，掌管尚书都事。唐沿袭此制，而改名为郎中，到了龙朔二年（662）改为左、右承务，咸亨元年（670）复旧。其章服与各司的郎中一样，都是玄冕、五串玉珠，上衣无章，下衣为一章的黑青相间花纹，戴二梁进贤冠。

左司员外郎、右司员外郎各一人，从六品上。左右司员外郎，是在武则天永昌元年（689）才开始设置。当时顾琮自侍御史之职任此职，元怀贞从洛州司户升任此职。神龙元年（705）

裁撤，二年又再次设置。其职责是与郎中分理都省事务，朝服与各司的员外郎相同，都是玄冕、五串玉珠，深色上衣、浅红色下服，戴一梁进贤冠。

都事六人，从七品上。都事，本来是尚书的都令史。《宋书》中说，令史是前汉所设置的官职。《史记》中记载汉景帝三年，赵禹调补尚书都省官职，因为清廉而任令史，正是说这个官职。《后汉书》中记述，韦彪向皇帝条陈文书提到，当时冤狱繁多，所以应置令史以协助郎官。又说，郎官主管的文案公务，与令史职责没有什么不同。《续汉书》中记载尚书省置令史十八人，后来又增加列曹三人，共二十一人。《汉官仪》中说，能通晓字书《仓颉篇》和《史籀篇》的人，可调补宫内藏书的兰台令史。满一年之后，即可调补尚书省令史，再满一年即为尚书郎。到地方任职的话，就和郎一样主宰百里之事（任地方县令）。郎与令史分别受理文案。令史见仆射和尚书，执笏行拜礼。见丞、郎，执笏作揖。《齐职仪》中记载魏、晋、宋、齐各代，正令史和书令史都有品阶和俸禄，穿红色朝服，执笏板，戴一梁进贤冠。《北齐邺都故事》中记载尚书郎处理公务时居中而坐，都令史坐于旁侧，书令史记录。洛京、邺都的都令史和郎平等对揖，不需要下拜。铨选吏部郎，需举试高第并擅长书法，奏闻调补，加给武职称号。历代的令史都有品阶俸禄，汉尚书台令史俸禄二百石，曹魏令史官阶为八品。《晋百官公卿表》中记录当时有尚书都令史八人，俸禄二百石，与左、右丞总理都省政事。南朝宋、齐设置八人，梁、陈设置五人，都为八品。梁武帝天监初年下诏说，尚书五都事，其职务都参与大政，不但总理各局，也能规范二丞。朝廷虽然刻意求才，但依然未能求得杰出的人才。可以打破常规，破格任用读书有识之士，尽量把优秀的人才都吸收进来。希望今后不分高下出身，众多公务一律照此办理，于是把都令史视为奉朝请（一般官员由奉朝请开始入仕）。太学博士刘纳、孔虔孙，司空法曹参军刘显、萧轨，宣毅墨曹参军王颙，都以才学造诣出身兼优而首先被选。隋开皇初年，把都令史改为都事，置八人，官阶正八品上，唐代设置六人。两晋、刘宋、南齐、北魏、北齐、隋历代均设置都令史八人，是为了应八座之数。南朝梁、陈置五人，因为南朝多不置祠部尚书，六曹变五曹，应五曹之数。唐置六人，是应六曹即六部之数。

主事六人，从九品上。《汉官仪》中记载光禄勋官府置南北庐主事、三署主事，由诸郎中选择有才学的人担任，俸禄四百石，可调补尚书郎，外任一县之政务。《后汉书》中记载胡伯蕃、范滂、公沙穆都以才学优俊而被各郡国推荐，拜授郎中和光禄助主事。北魏尚书吏部、仪曹、三公、虞曹、都官、二千石、比部，都根据事务多少设置掌故主事员，门下省置主事令史，官品都是从八品上。隋初各台省都置主事令史。炀帝大业三年（607），把主事令史改为主事。各曹的令史数，根据工作的繁简而定，每十名令史置一主事，不满十名的也置一主事。文学名家颜敏楚就曾任过内史主事。唐代主事由九品流外或刚进入九品流内的人员调补。

门下省设置侍中二人，正三品。《汉书·百官公卿表》中记载，侍中在开始时都是加官，加给列将军、大夫等官，无定员，最多可达数十人，能够进入官禁处理各曹上报的事务，乃是秦朝制度。《大汉舆服志》中记载，侍中头戴武弁大冠，也叫惠文冠，并加金珰附蝉为文，饰以貂尾。侍中饰左貂，常侍饰右貂。加金珰是取金之坚刚，百炼而不耗损之意；附蝉是取蝉的居高清廉洁正之意；饰貂是取貂之内劲悍、外温润之意，以服饰暗喻对侍中德才的要求。这种服饰本来源自战国时赵国武灵王的胡服制度，秦灭赵取得此种冠带，赐给侍中。汉朝的制度规定，侍中掌管皇帝的乘舆服物，其中功勋高致的一人为仆射。东汉时期侍中也作为一种加官，出宫宣布皇帝的制令，入宫则为皇帝的顾问。皇帝御驾外出，由学识广博者一人参乘并负责掌管传国玺，执掌汉高祖斩白蛇的宝剑。其余的人骑马，跟随在舆车之后。随帝驾进入庙祠，皇帝上堂祭祀，以布巾奉供祭祀用的酒。汉光武帝改仆射为祭酒。《汉官典职》中记载，侍中阶品在尚书仆射之下、尚书之上。汉初的制度规定，侍中与中官都可到达宫禁中值夜，值班室在未央宫石渠门外。由于汉武帝时侍中仆射马何罗暗带刀刃谋刺皇帝，从此不许侍中进入宫禁。王莽当政时，又允许侍中进入宫禁。东汉章帝元和时，侍中郭举与后宫妃嫔私通，被处死，于是侍中又不许进入禁中。汉献帝《起居注》中记载，侍中最初设置六人，近侍皇帝左右，出入宫禁之中，处理诏制之公务。曹魏置侍中四人，不置祭酒，而是作为加官不在正式编制数内。服冕俸禄依照汉制，掌管宾相赞仪。皇帝大驾出巡，由值勤的侍中保护帝驾，一名侍中负责掌管宝印和陪驾，但不得带剑，其余侍中一律骑马随从皇帝登殿。侍中与散骑常侍分左右参扶皇帝，侍中在左，常侍在右，在皇帝身边以备顾问，拾遗补缺。晋令规定，侍中为三品，戴武冠，穿绛色朝服，佩戴水苍玉。东晋时桓温奏请皇帝裁减了一名侍中，不久又恢复原数。刘宋的侍中执掌奏表诸事，近侍皇帝左右，宫禁殿内、门下各事，都由其掌管，其余和晋代相同。南齐又以功勋高致的一位侍中任祭酒，掌管皇帝的诏令机密要事。朝会时大多以相貌俊雅者兼任其官，其余和宋相同。南梁侍中秩粮满二千石，三品，后来为第十二班，与给事黄门侍郎一人共同掌管宫中禁令，南朝陈沿袭梁制。北魏置侍中六人作为加官，起初定为正二品上，又在太和末期改革令制，定为正三品。北齐沿袭北魏之制，侍中掌管向皇帝进谏和供奉的职任。北周在天官府设置御伯中大夫二人，皇帝出入则侍从于左右，大祭祀、盥洗之礼则负责给皇帝送授巾布。北周武帝改御伯为纳言，均为侍中之职任。宣帝末年，在纳言之外又另设置了加官侍中。隋忌讳“忠”字，所以把侍中改为纳言，设置二人，正三品，掌管陪侍随从。炀帝大业十二年（616）改纳言为侍内。唐初也称纳言，武德四年（621）改为侍中。秦汉初置侍中曹时，还没有台省的名称，从晋朝开始才称门下省。历经宋、齐、梁、陈、北魏、北齐、隋和唐初，都称门下省。唐龙朔二年（662）曾改为东台左相，咸亨元年（670）恢复为门下省，又在光宅元年（684）改为鸾台纳言，神龙元年（705）恢复旧名。开元元年

（713）改为黄门，五年改回旧称，为门下省侍中。

黄门侍郎二人，正四品上。《晋书·职官志》中记载，黄门侍郎为秦所置之官，无固定人数，掌管侍从皇帝之左右。汉沿袭秦制，俸禄六百石。刘向《诫子歆书》中说，现今年少之人，得任黄门侍郎，需知这是很重要的职位。应劭说，黄门侍郎要在每天日落时面向内宫青琐门参拜，所以称为“夕郎”。秦朝还曾经置有给事黄门之官职并为汉朝所沿袭，到了东汉时期，把黄门侍郎和给事黄门二职合而为一，称为给事黄门侍郎，执掌侍从皇帝左右、关通宫禁内外、诸侯王朝见时引导就座等事务。到汉献帝时，给事黄门侍郎与侍中同样各置六员，出入宫禁，侍从左右，审处上书之事。后来一度改为侍中侍郎，不久又复旧名，称给事黄门侍郎。曹魏置四员，东晋时桓温奏请皇帝裁减二人为二员，后来又恢复四人，职任为与侍中同管门下众事，与散骑常侍并为清要之官，被代称为“黄散”。晋令记载黄门侍郎官品为五品，俸禄六百石，戴武冠，着绛朝服。刘宋沿袭晋制，郊庙祭祀时一名给事黄门侍郎执黄盖，大朝会皇帝亲临殿台时一人执旗指挥仪仗，为南齐沿袭。给事黄门侍郎与侍中共同参理诏命，侍中被称为“门下”，给事黄门侍郎则被称为“小门下”。梁增俸禄至二千石，五品，后来定为第十班，与侍中同管侍从皇帝左右，赞相礼仪，并依据规定接纳贡献，纠违补缺，监督调制并给皇帝尝药，封存宝印与圣旨。给事黄门侍郎中选择功绩高尚者一人，与侍中祭酒共同管理宫禁中之保卫职任。北魏的给事黄门侍郎最初为正三品，太和末年改为正四品上。北齐设置六员，品阶依照北魏，职掌与侍中相同。北周天官府设置御伯下大夫二人，周武帝改为纳言下大夫，为纳言上大夫的副职。隋置给事黄门侍郎四员，正四品上，炀帝减为二人，并取掉“给事”二字，直接称为黄门侍郎。隋给事黄门侍郎位显职要，为唐朝所沿制。龙朔二年（662）改为东台侍郎，咸亨元年（670）恢复旧称。光宅元年（684）改为鸾台侍郎，神龙元年（705）恢复黄门侍郎名称。

给事中四人，正五品上。《汉书·百官公卿表》中说，给事中也是加官，一般作为大夫博士、议郎等官的加职，都是秦的制度。《汉仪注》中说，各给事中每日皆应上朝参见，处理尚书奏事，分为左右。因其在殿中执事，所以称给事中。给事中之职大多由有名的儒士和皇亲国戚担任，作为皇帝的顾问应对之官，地位低于中常侍。东汉不设给事中的官职，曹魏又再次设置，有时作为加官，有时作为正官。晋给事中不作为加官，没有固定的员数，隶属于散骑省，地位在散骑常侍之下。晋令中说给事中五品，戴武冠，穿绛色朝服。宋、齐的给事中隶属集书省，地位在各散骑之下、奉朝请之上。梁、陈给事中俸禄六百石，七品，与各散骑常侍侍从左右，负责进谏和提供建议，并帮助皇帝处理各种奏章。北魏给事中开始时为从三品上，太和末年改为从六品上。北齐集书省置给事中六十员，从六品上。北周在天官府置给事中士六十人，掌理六经典籍和各种文籍史志，在皇帝身边供职。后来又在天、地、春、夏、秋、冬六官之外另置了给事中，称四命之官。隋初在门下省设给事中二十人，掌管陪从帝驾和朝堂值勤之事。隋炀帝改其名为给事郎，把人员数减成四人，地位在黄门侍郎之下，为从五品，掌管处理并宣读奏章，唐又称给事中。龙朔二年（662）改为东台舍人，咸亨元年（670）又恢复旧称。

左散骑常侍二人，从三品。秦置有散骑，又置有中常侍。其散骑之职为侍从御驾左右，专司对皇帝劝善规过，议兴议革。中常侍得以出入宫禁，常从侍皇帝左右。汉朝沿袭秦制，由士大夫充任，没有定员，都是加官，一般加给列侯、将军、卿大夫等官爵之上。戴武冠，加饰银珰附蝉为文，貂尾作饰，貂蝉这个名字就是这样来的。东汉裁减了散骑，中常侍改由宦官充任。魏文帝黄初年间又设置了散骑，与中常侍二者合而为一，直接称为散骑常侍，又由士大夫充任。晋置散骑常侍四人，处理章表、诏命、优文、策文等事，虽然隶属门下，实际上另成一省，西晋潘岳说的“寓直于散骑之省”正是指这个省。另外，散骑官有六，除了散骑常侍之外，还有员外散骑常侍，无定员。曹魏末年，有的散骑常侍列在员外，因而有了员外散骑常侍之名。晋泰始十年（274），皇帝常命二位员外散骑常侍合作当值，因而有了通直散骑常侍之称，并定置四人。从魏至晋，又与散骑常侍同时置散骑侍郎四人，与散骑常侍、黄门侍郎共同处理尚书奏案，直到东晋废除此职。晋武帝时，还置有不定员的员外散骑侍郎，又有通直散骑侍郎四人。东晋把中书省合并入散骑省，所以庾亮《让中书笺》中说：“现今省署合并，不宜多置官员。过去把中书政务并入散骑，这是恰当的做法。现今皇帝喉舌的要务职在门下，表章语命则职在散骑，实在没有再设立中书省的必要。”晋散骑职任很重要，与黄门侍郎同称为“黄散”。晋令称：“散骑常侍为三品，冠戴貂蝉，绛色朝服，佩水苍玉。”刘宋置四人，亦作为加官，任职时间长且地位高超的一人为祭酒，领六散骑。另外，还设置集书省来统管各散骑之职务。齐沿袭宋制，但裁减了祭酒之称号。梁沿袭宋制而加俸禄至满二千石，后来定为第十二班，高功者一人为祭酒，与散骑侍郎一人分左右对掌禁令。自刘宋以来，散骑之职用人杂乱，所以其官地位也有所降低。刘宋大明年间，虽比照侍中之标准选任散骑职官，但到底也未能使其职显位重。天监六年，皇帝下诏说："散骑常侍、员外散骑常侍、通直散骑常侍等都是清望要官，应当依照过去的规定改革选制。"于是，散骑常侍被视为与侍中相同，通直散骑常侍被视为同于中丞，员外散骑常侍被视为同于黄门侍郎。北魏散骑常侍置于集书省，开始时官品为二品，太和末年改为从三品，管领六散骑。北齐置六人，其他与北魏相同。北周散骑常侍为加官。隋文帝在门下省置散骑常侍四人，从三品，掌管陪驾从侍左右与朝内当值，也设六种散骑常侍。开皇六年（586），裁减了员外散骑常侍，隋炀帝大业三年（607），又裁减了散骑常侍和散骑侍郎。唐高祖武德初年，散骑常侍作为加官。到了贞观初年，置散骑常侍二员，隶属门下省。显庆二年（657）又增置散骑常侍二员，隶属中书省，从此开始，散骑常侍分为左、右，左散骑常侍隶属门下省，右散骑常侍隶属中书省，都为金珰貂蝉。左散骑与侍中左貂，右散骑与中书令右貂，合左右散骑、侍中、中书令共为八人，故同称为“八貂”。龙朔二年（662）改左散骑为左侍极，咸亨元年（670）复旧。

谏议大夫四人，正五品上。《汉书·百官公卿表》说秦朝设置有谏大夫属郎中令，没有固定的员数，多的可至数十人，掌管论议。到了汉武帝元狩五年（前118），才沿袭秦制而设置谏大夫之职，秩比八百石。光武帝中兴，置谏议大夫十三员。曹魏沿袭东汉之制设置谏议大夫，但史书缺少关于其品级和员数的记载。两晋、宋、齐、梁、陈都未置谏议大夫，到了北魏才又置，为从四品。北齐在集书省置谏议大夫七人，从四品下。北周在地官府置保氏下大夫一人，掌管对皇帝规谏之职，即谏议大夫的职任。隋朝在门下省置谏议大夫七人，从四品下，唐朝设置谏议大夫四人。龙朔二年（662）改为正谏大夫，神龙元年（705）恢复旧称。谏议大夫，掌管侍从皇帝之左右宾相赞礼，规谏劝告。《白虎通义》中说：“人有五常之性，所以谏有五种。”一称讽谏，晓之以理来进行劝告。二称顺谏，指本不可行之事，但不敢违反帝意而规谏，只好顺应皇帝的所想再略加改动以求得以通过。三称规谏，指用陈述法规礼仪宪章的办法来说明某事之正确与谬误。

四称致谏，指以物之变化发展说明政事的兴废。五称直谏，指直接指明皇帝的过失，劝其改过从善。

左补阙二人，从七品上。唐始置之职官，指补正皇帝的缺失，所以以补缺作为名称。东汉伏湛出入宫禁之中，随时拾遗补阙。《三国志·魏志》中记载魏文帝曹丕对侍臣下敕说，公卿等官应当拾遗补阙，以弥补皇帝的缺失。晋武帝也曾下诏说，公卿等官应当拾遗补阙，对国君劝善规过、议兴议衰。《晋书·职官志》记载皇帝上朝登殿时，侍中在左，散骑常侍在右，以备应对，拾遗补阙。北魏孝文帝令侍中李冲侍从左右以补缺遗。武则天垂拱中叶，参照前代之意而创立补阙官职四员，左、右各二。天授初年，左、右又各加置三员，总共十员，神龙依旧制各置二员。补阙官职的选授以才能为准，不受一般授职叙阶程序的限制。又有内供奉之职，无固定员数，只要才识相当，不等有缺位即可授予阶职，资望待遇与一切正官相同。

左拾遗二人，从八品上，也是唐代始置之官。拾遗的职责是对皇帝考虑不到的事，随时提出意见，以供参考，所以即以拾遗作为其名称。《史记》记述汲黯说，臣愿作中郎署长之职，能够出入宫禁，为皇帝补过拾遗。《汉书》记述汉元帝初即帝位时，给事中刘向、侍中金敞经常侍从左右，拾帝之遗。东汉时张衡担任侍中，经常随皇帝出入于宫禁之中，即时规谏论议，侍从左右，拾遗补阙。北魏初，设置内侍长之职，主管拾帝之遗，切近应对，如同后来的侍中、散骑之职。北魏孝文帝也令侍中丘惟侍从左右，拾帝之遗。武则天垂拱中叶，沿袭前朝之意而创立拾遗官职四员，左、右各二。天授初年，左、右又各加三员，共十员。神龙初，依旧制左、右各置二员。才能相当即可授予，不拘一格叙阶授职。同时也置有内供奉之职，无固定员数，资望薪俸与正官等同。

起居郎二人，从六品上。起居郎的官名因起居注而得。所谓起居注，指记录皇帝的言行举止之事。《礼记》中说，君王的行为由左史记录，言论则由右史官记录。又称左史记政事，右史记言论。人君言论构成《尚书》，政事构成《春秋》，都是指起居注方面的事情。先秦古籍《世本》中说，沮诵和仓颉为黄帝的左右史官。《逸周书》记载周穆王时有左史名叫戎夫，负责记录前代帝王存亡的教训。各诸侯国也仿效设立此类史官。晋武帝太康二年（281），盗墓贼盗掘出土《汲冢纪年》，其中有《穆天子传》，体例与起居注相同，这可能是周朝的左、右史官所作的记录。汉武帝时有《禁中起居注》，东汉明德皇后撰写《汉明帝起居注》，这表明汉时似由宫中的女史承担撰写起居注的职任。魏晋以来，起居注都由中书撰著，兼修国史。晋惠帝元康二年（292），著作隶属秘书，称为著作省。历经宋、齐、梁、陈，都掌管撰修国史。北魏与北齐的集书省统领起居注，起居注令史为从七品上。北周的春官府置外史之职，掌管记录皇帝的言论举止，作为国志，即为起居令史的职任。同时又设著作二人，掌管编辑国事记录，起居和著作从此分为二职。隋裁减了内史舍人四员，开始设置起居舍人二员，唐沿袭隋制。贞观二年（628）裁减了起居舍人，把这一职任移归门下省，设置起居郎二人。显庆中又设置起居舍人，开始与起居郎分掌左、右。龙朔二年（662）改起居郎为左史，咸亨元年（670）恢复显庆之制，天授元年（690）又改起居郎为左史，神龙元年（705）又恢复显庆之制。

中书省设置中书令二人，正三品。《周礼》中说，内史官职掌皇帝的权柄，草拟皇帝的制命，即是中书的职任。汉隶属少府的中书谒者令和中书谒者丞，也就是中书的职任。汉武帝常在后庭饮宴游乐，因而重用宦者担任此职。司马迁受腐刑之后为中书令，即为此种职务。在这里，中书令即中书谒者令的简称。汉宣帝时任中尚书官的弘恭、石显，都是此种职务。弘恭任中书令，石显任中书仆射，汉元帝即位，弘恭死，石显代任中书令。元帝认为到宫中任职就与朋党关系无关，所以就把大政之事委任中书令石显。不论大小政事，都由其决定，一时权倾朝野，公卿以下都对其毕恭毕敬。汉成帝把中书谒者令改为中谒者令，裁撤了中书宦官，改由士大夫担任。《汉旧仪》记载中谒者令的职责为负责尚书奏报事，粮千石。东汉将其裁撤。汉献帝时，曹操为魏王，设置秘书令来负责处理尚书奏报，这又是中书的职任。曹魏黄初初年，改负责职掌尚书事的秘书令为中书，同时置中书监和中书各一人，俸禄都是千石。当时由秘书左丞刘放为中书监，由秘书右丞孙资任中书令，中书的权力从此开始变得重要起来。在曹魏的制度中，中书监的职位高于中书令，所以孟康从中书令升迁为中书监。魏制，中书处理尚书奏报政事，如果皇帝有密诏下发州、郡及边将，则不经尚书。晋的中书监和令，官品都为三品，俸禄千石，铜印、墨绶，戴两梁进贤冠，穿绛色朝服，佩戴水苍玉，乘轺车。中书监和令，职掌传达宣布皇帝的诏书命令，记录朝会及时事，负责文案的处理和起草。依照汉朝的制度，负责皇帝诏命的应是尚书。自从设置了中书官，诏命之事就全部由中书官负责。所以荀勖由中书监调为尚书令时，人们前去祝贺，而他却对前去祝贺的人发牢骚说："我的凤凰池被夺走了，有什么可祝贺的？"东晋对中书更加重视，经常由声名显赫的诸公担任，同时把中书省并入散骑省，后来又单独设置。宋、齐也设置中书监和中书令，品阶俸禄都与晋相同。梁中书监的俸禄增加为满二千石，中书令俸禄增为二千石，并把监、令都增为二品。后来在制定十八班制的时候，把中书监定为十五班，中书令定为十三班。陈中书监、令的品阶俸禄都沿袭梁，又在中书署中分设了二十一个局，分管尚书的各曹，总领国家的中枢机要大事，而原来职高权重的尚书只能居于听命执行的地位。北魏设置中书监和中书令各一人，魏孝文初定中书监为正一品，中书令为正二品中。太和末年，又改中书监为从二品，令为正三品。北周依照《周礼》之制，在春官府置内史中大夫二人，职掌皇帝的诏命，类似中书监和令的职任，后来又把内史中大夫增阶为上大夫。隋朝把中书省改为内史省，设置内史省监和令各一人。不久裁撤了监的建制，设置令二人，官品为正三品。隋文帝裁撤了三公的府署和僚属，定为由中书令和侍中执掌大政，于是中书令就成为宰相的职任。隋炀帝大业十二年（616），把内史省改为内书省。唐武德初，又改为内史省，武德三年（620）改为中书省。龙朔二年（662）改中书省为西台，改中书为右相，咸亨元年（670）复为中书省。光宅二年（685）改中书省为凤阁，改中书令为内史，神龙元年（705）重为中书省中书令。开元元年（713）又改中书省令为紫微令，开元五年（717）恢复中书省、令之制。

中书侍郎二人，正四品上。《帝王要略》记载，汉朝设置中书之职，职掌皇帝的密诏，置有中书令、中书仆射、中书丞、中书郎等。《汉旧仪》中说，设置中书之职统领尚书之事，置一郎职掌匈奴营部之事，一郎掌管民曹，一郎为谒者。曹魏黄初时，中书置有中书监和中书令，又置有通事郎，其职位仅次于黄门郎，也就是中书侍郎的职任。《三国志》中记载，魏明帝诏命天下举荐中书郎，对卢毓说，能不能得到人才，就看你卢生了。还有司马懿征召王基之后，王基迅速升迁为中书侍郎。这说明中书侍郎的名称就是开始于曹魏。晋令规定，中书侍郎四人，四品，服五时朝服，戴一梁进贤冠。晋规定郎官每日一人在宫内值班，专门掌管起草诏书，五日一轮。如需随从帝驾出巡，则值班者随从，副值班的守班。东晋把中书侍郎改为通事郎，不久又恢复旧名，宋、齐均沿袭晋的制度。梁规定在郎官中选择功高者一人来主管省内事务，俸禄千石，为第九班，陈沿袭梁制。北魏置中书侍郎四人，起初定为正四品上，太和末年改为从四品上。北周按《周礼》之制，在春官府置小内史下大夫二人，其职任类似中书侍郎。隋朝开皇初年改为内史省侍郎，置四人，正四品下，炀帝三年减为二员，十二年改为内书侍郎。唐朝建立后改为内史侍郎，又在武德三年（620）改为中书侍郎，龙朔为西台侍郎，咸亨为中书侍郎，光宅为凤阁侍郎，神龙又改为中书侍郎，开元元年（713）改为紫微侍郎，五年复为中书侍郎。

中书舍人六人，正五品上。三国时曹魏中书置通事官一人，职掌呈奏表章案卷。《三国志》中说魏明帝时刘泰曾任通事之职，即指此官。高贵乡公曹髦正始年间，把通事改为通事舍人，不久又改为通事侍郎，这时通事舍人还兼任中书侍郎的职务。《晋书》记载，晋初设置中书舍人和中书通事各一人，到了东晋又把二者合为一个职务，称作通事舍人，专门职掌向皇帝的奏呈。后来又裁减了这一职务，由中书侍郎兼管其职。晋令规定中书通事舍人为第七品，穿绛色朝服、戴武冠。宋初置通事舍人四人，品俸与晋相同。入内值班内阁，出外宣布皇帝诏旨，中书侍郎的职任反而较轻。齐武帝永明初年，设置中书通事舍人四人，分别在门下、中书、尚书、殿中各省之中任职，当时称为“四户”。这“四户”舍人之官，总领国家大权，权势倾盖天下。当时恰巧遇上荧惑侵入太微的凶恶星象，太史官奏报皇帝，认为需要举行祈禳灾祸的大礼。太尉王俭乘机劝告皇帝说，天文出现异常和反逆之象，其祸根在于“四户”。皇帝表示同意王俭的观点，但由于“四户”之制积重难返，终究未能改变。梁中书通事舍人俸禄四百石，八品。由于特别重视中书舍人的作用，所以梁在选用中书舍人时，着重考虑才能，而不限出身门第。多数情况下是由其他职官兼任中书舍人，兼任者可以进入阁内掌管属于中书掌管的诏诰事宜，同时兼管呈奏表章等事。当时的中书侍郎、鸿胪寺卿裴子野就曾兼任中书通事舍人之职，皇帝又下专敕让他掌管诏请之事。自魏晋以来，皇帝的诏诰都是由中书令及中书侍郎职掌，到了梁开始由舍人掌管，后来取掉“通事”二字直接称为中书舍人。陈置中书舍人五人，其他方面都与梁同制。北魏为六品上，北齐置十人，品阶与魏相同。北周在春官府中设置小史上士二人，类似舍人的职任。隋初，把中书舍人改为内史舍人，设置八人，专门职掌诏诰，官品正六品上，又在开皇三年（583），升为从五品上。大业三年（607），减为四人，十二年，改为内书舍人。唐初改为内史舍人，武德三年（620），改称中书舍人。龙朔二年（662）改为西台舍人，咸亨元年（670）复为中书舍人，光宅二年（685）改为凤阁舍人，神龙元年（705）复为中书舍人，开元元年（713）改为紫薇舍人，五年复为中书舍人。

主书四人，从七品上。《周礼》记载，天官的属官中有司书中士四人，郑玄注解说，司书中士主管财物赋税的会计簿册。执掌国家的六典、八法，其职任相当于主书。《百官春秋》中记述，晋代的中书设置主书，用的是武职官员，到了宋文帝时才改成用文职官吏。齐中书设置主书令史，梁不置此职。陈去掉令史之名，在中书置主书十人。北魏又称主书令史，置八人，为从七品上。北齐置十人，从八品上。北齐天保时期，高洋亲理朝政，主书令史被委以重任，可向皇帝奏事。高洋曾经在现场观看主书令史签署公文，嫌他们效率不高，认为称主书即可，何必又加“令史”二字呢？从此去掉“令史”二字。到了北齐武成帝高湛河清初期，左丞弹劾朝廷随意改变官吏名称，并且都说是有文宣帝高洋的口头敕命。不久在颁布新令时，正式去掉“令史”二字。北齐高洋时，虽然委主书以重任，但并没有任用有声望的人担任此职。到了孝昭帝高演、武成帝高湛时代，招引才学之士荀士逊、李德林、樊孝谦担任主书之职，但仍没有才学超群的士人子弟屈居此职。隋中书主书，也有“令史”二字，称主书令史，置十人，正九品上。大业三年（607），改为四人。唐沿袭四人之制，由流外入流的官员担任。

起居舍人二人，从六品上。起居舍人的官名，是因撰写起居注而来。古代内史官记史制度规定，左史记录皇帝的行为，右史记录皇帝的言论，右史即起居舍人的职任。隋炀帝大业三年（607），减置内史舍人四人，设置了起居舍人二人，由虞世南和蔡允恭担任，为从六品上，品阶低于内史舍人。唐初沿袭隋制，又在贞观二年（628）裁撤，显庆二年（657）又置。龙朔二年（662）改为右史，咸亨元年（670）复为起居舍人。天授元年（690）再次改为右史，神龙元年（705）再次复旧。起居舍人负责整理关于皇帝言论的史料，以记事的办法逐条记录皇帝的制、诏和口谕，使政务和制度的变迁情况都能得到记载。自高宗永徽年间以后，起居注的内容只能记录皇帝在朝堂宣告的旨意和大臣奏事时所作的问答，下朝以后，由于史官对于奏事官与皇帝之间的谋议不得而知，因而无法记录。武则天长寿元年（692），姚璹任宰相，认为帝王的谋略教诲不可没有记述，而这些又只有宰相最了解。于是奏请皇帝同意将退朝之后关于军国政要的议论，由宰相一人负责撰录，称为“时政记”，每月送史馆。从此以后形成制度，将“时政记”抄付于门下省的起居郎和中书省的起居舍人，以供编撰起居注之用。每一季度末，起居舍人负责将所记之起居注交授给国史馆。

通事舍人十六人，从六品上。通事舍人即秦代的谒者。《汉书》记载，谒者负责接待宾客和进见之赞礼，置七十人，俸禄六百石；其中谒者仆射，俸禄按一千石。《汉旧仪》记载，谒者缺额时，选须眉俊美、声音洪亮的郎中递补。东汉有常侍谒者五人，谒者三十五人，两汉的谒者台都隶属光禄勋。晋武帝裁撤了谒者仆射，把谒者台归属兰台。晋初，设置舍人和通事各一人，属中书省。东晋令舍人和通事兼通事舍人的官名，就是从这时开始的。宋武帝置谒者仆射，统领十八员谒者。梁置谒者十人，隶属谒者台。北魏谒者为从五品中，北齐谒者三十人，正九品下。隋初裁撤了谒者官职，设置通事舍人十六人，从六品上，开皇三年（583）增为二十四人。炀帝又设置了谒者台，改通事舍人为通事谒者，并创置四方馆，设在建国门外，隶属鸿胪寺，以接待四方来使。唐废除了谒者台的建制，改谒者为通事舍人，隶四方馆，隶属中书省。通事舍人职掌朝见时的引导接纳和辞谢时的通报，凡是文武职事官五品以上的京官出使，走时都要报辞，归来都要报见；六品以下的，如果是奉旨差遣也照此制执行。外官五品以上出使，至京或路过京城的话，也要进行辞谢和朝见。凡是官员入宫禁侍奉，文武官吏依礼排班站列，通事舍人则引导进退，并告唱拜起出入的礼仪。凡是四方来呈的表章、国内国外呈送的贡品，通事舍人皆代为接受并送交内廷。如有重要诏令，通事舍人则秉承帝旨宣告百僚。凡是军旅出发，则受皇帝之命而代为慰劳发遣。在军旅走后，代皇帝每月省问将帅的家属，探视他们的疾苦。军旅凯旋，代皇帝赴郊外迎接，这些事务，在做完之后，都要奏知皇帝。对离职养老的官员，和八十岁以上的老人，通事舍人也要按上述制度代皇帝四时巡访询问。

# 第三章

# 六部制度

## 一、六部的沿革

所谓的“尚书”，据各种文献的记述，原本是上古时期帝尧在考察帝舜时，让他担任“大麓”，来领录天下之事。这里的“麓”，汉代的孔安国认为就是“录”的意思。这个故事当然是后世牵强附会的传说，未必真有其事。但是后来的“录尚书事”，就是来源于此。郑玄认为所谓的尚书，就是周代的官职“司会”。

由此可见，虽然官职名称有所不同，但是大体的职权范围是没有太大的改变的。从这一点来看，直至今天，我们仍然可以在职官系统中找到古代官职遗留下来的影子。

唐代三省六部制度中的“六部”，分别是吏部、户部、礼部、兵部、刑部和工部。请注意，六部的顺序并不完全是并列的，而是存在次序的。在《周礼》这部书之中，将中央官制构建为“天、地、春、夏、秋、冬”六官，他们的职权范围与六部是可以完全对应的。值得一提的是，《周礼》这部书的成书时间是战国至西汉。近代康有为甚至在《新学伪经考》（梁启超等参与编纂）中认为，该书乃是西汉末年王莽授意经学家刘歆编纂的。因王莽之“王氏”远绍周朝王子乔，他的后代便以王为姓，所以自认为是周王室后裔的王莽要实行周朝的制度。而《周礼》中的记载，实际上是出于一种理想化的构建。至少，按当今的考古学成果来看，《周礼》之中所描绘的王城图，与洛阳东周王城遗址是不符的。到了武则天执政时期，因武则天认为武氏的由来是因为，东周第一代国君周平王的小儿子，一生下来手心里就有个“武”字，于是他的后代以“武”为姓。所以武则天代唐所立国号为“武周”。不过，武则天将六部更改为六官，只是改个名字而已，职权范围没有任何的改变。此外，西魏时期宇文泰在苏绰等人的建议下也曾实行《周礼》中的六官制度，并且延续到了北周。可见，与六官制度几乎完全相同的六部制度，其思想的构建渊源甚早，国家上层早已注意到了官僚体制的核心。因为这种官员体制的框架是如此完美，在其后的一千多年时间里没有发生太大的变化。甚至到了今天，我们的官员体制仍然可以看到尚书六部，或者说《周礼》六官的影子，只是把这种体制更加细化了而已。

上文所说的“天、地、春、夏、秋、冬”六官，与“吏、户、礼、兵、刑、工”六部可以完全对应。不仅如此，它还可以和五色、五方、五行等互相对应。自从战国时期邹衍开创了“五德始终说”之后，这种思想就一直延续在中国人的日常生活之中，官员体制也不能例外。“天”，也就是说六官之中居首位的，那么自然就是掌管官员考核、升迁、贬黜的吏部。西汉董仲舒在《春秋繁露》中说“天有五行”，因此天是五行俱全的。位次天官的，自然就是地官。户部掌管国家的财政支出与官员的薪水发放，自然就成了六部中的第二号实权部门。地属土，颜色尚黄，属中央。“春、夏、秋、冬”六官在地位上则不分轩轾，只有分工不同。春天，给人一种温暖、和煦、如沐春风的感觉，与礼部的执掌恰好相合。春五行属木，木位于东方，颜色尚青。夏天则给人一种酷热难耐的感觉，完全符合《孙子兵法》所说的“侵略如火”，因此对应的是兵部。夏官五行属火，位在南方，颜色尚赤。秋天给人一种肃杀的感觉，所以对应的是刑部，因此在古装影视剧中经常可以听到一个词叫“秋后问斩”。秋官属金，位在西方，颜色尚白。最后一个冬官，对应的就是工部了。冬官属水，位在北方，颜色尚玄。这样来看，六部之中至少吏部的地位是超然于其他五部的。这一点，与明代内阁大学士普遍不得兼任吏部尚书一事颇有相合之处。

尚书省六部之长官，自然就是六部尚书。秦至汉初，尚书是少府的属官，是在皇帝身边任事的臣子，与尚冠、尚衣、尚食、尚浴、尚席合称六尚。因其在殿中主管收发文书并保管图籍，故称尚书。汉武帝刘彻时，进一步强化君权，政事不专任二府（丞相府、御史大夫府），尚书因主管文书，省阅奏章，传达皇帝的命令，地位逐渐重要。武帝游宴后庭，为便于出入宫禁，用宦者主管尚书事务，称为中尚书令，简称中书令，又兼谒者之职，因称中书谒者令。但在宦官为中书时，也有士人任尚书之职，如张安世曾于武帝时任尚书令，五鹿充宗于元帝时任尚书令。元帝时，宦官弘恭、石显先后为中书令，“权倾内外”。由宦官典尚书的制度，受到大臣激烈反对。到成帝建始四年（前29），终于专用士人。由于尚书在西汉已成为政府机要部门，所以凡是掌握实权的大臣都领尚书事，如霍光以大将军领尚书，王凤以大司马领尚书。

汉光武帝刘秀鉴于西汉晚期权臣专政，有意削弱相权，太尉、司徒、司空居三公高位，名为宰相，而实际权力则逐渐移于尚书。当时，尚书机构称台，有令、仆射各一人，尚书六人，分主六曹。令、仆射之下有左、右丞各一人，“掌录文书”，并检查各项事务是否按时完成。尚书之下有侍郎三十六人，分属六曹，主起草文书；又有令史十八人，主抄誊文书。此时尚书台已成为组织复杂的机构，成为政府的中枢，号称中台。所以章帝时韦彪说“天下枢要，在于尚书”。但是在东汉，尚书台仍然算是少府的下属机构。尚书令、仆射、尚书等官的禄秩都较低，令秩千石，仆射、尚书秩均六百石。

三国时，尚书台已正式脱离少府，成为全国政务的总汇。令、仆射、尚书品秩已经很高，并为第三品，与九卿同级。汉献帝时，曹操执政，荀彧为尚书令，曹操征伐在外，荀彧常居中持重，可见此官地位之重要。但正是因为它威权的升高，引起最高统治者的疑忌，所以最高统治者又开始剥夺它的权力。曹操为魏王时，置秘书令，典尚书奏事。其子曹丕（魏文帝）代汉称帝后，改秘书令为中书令，又置中书监，并掌机密，下统中书郎若干人，组成中书省。魏明帝时，中书监、令号为专任。于是在尚书台之外复有中书省，而原来作为皇帝侍从的侍中也逐渐成为参与机密的要职，尚书台不再有独占机枢的地位。虽然如此，由于全国政务首先集中到尚书台，因此它作为全国行政总汇机构的趋势仍在继续发展，执政重臣也要加上录尚书事的头衔，才能过问机密。孙吴略仿曹魏，也是尚书、中书并置。蜀汉则沿袭东汉，尚书之权甚重。西晋沿袭曹魏，以尚书台总揽政务，而别置中书、门下二省以分其权。然尚书令、仆射仍是全国行政部门的首脑，称为端右、端副，地位在中书监、令和侍中之上，重臣当国仍必加录尚书事。

刘宋孝武帝孝建中，为防大臣威权过盛，遂省去录尚书之职，以后不常置。又自魏晋以后，士族崇尚清谈，不屑过问琐碎的日常事务。西晋王衍自尚书仆射迁尚书令，身居宰辅，不以经国为念。自东晋以后，高门子弟都以出身作尚书郎为耻辱。高门既不屑就，就者也多不办事。自东晋以后，令、仆射及郎中多不奏事，当官成为挂名，于是，尚书台的日常事务多交给令史去处理。这样，令史就渐揽事权，尚书省内部有权力下移的趋势。由于令史实际作用增大，梁武帝曾拟提高令史选拔标准，不用寒人而改用士族。但士族尚不乐为台郎，何况令史，所以此法不能推行。加之，南朝时中书舍人专任机密，尚书省的实际地位更为下降。

北魏出自鲜卑，本身有部落大人会议决事的制度，等到魏道武帝拓跋珪破后燕，皇始元年（396）才开始模仿魏晋设立尚书台，置三十六曹。但北魏前期的尚书台是鲜卑旧制与中原制度的糅合，与江南制度迥然不同。北魏尚书制度的正式建立，实际在太和改制以后。太和十五年（491）魏孝文帝元宏改定官制，十七年，颁布第一个职员令，太和二十三年（499）又颁布第二个职员令，尚书省及其他官职都依照魏晋制度，主要也是以尚书省总领庶政，而中书、门下二省分掌机权，门下之权尤重。

唐代官制源于隋朝，而隋朝官制又源于北周。北魏永熙三年十二月（535 年 2 月），宇文泰杀死了北魏末帝元修，扶植元宝炬称帝改元大统，建立西魏。大统初年，宇文泰命令苏绰、崔猷等人草拟新官制。但是，一直等到大统十二年（546）苏绰去世，崔猷调任淅州刺史，新官制都没有完成。在这个时期，西魏仍然延续了北魏的制度，以六尚书统领了吏部、民部、礼部、兵部、刑部、工部、计部、蕃部、膳部、驾部、虞部、宾部这十二部。在此之后，由于苏绰去世，继任者卢辩大刀阔斧地进行改革，将中书、门下、九卿乃至国子监等部门都纳入了六官的管辖范围之内。这样的制度为北周所沿袭，又在隋朝恢复了尚书省六部，重新厘定了职权范围。

## 二、六部的组织

吏部尚书，在《通典》和《唐六典》等书籍中就将其称为"天官"或"天官卿"，同时也称"冢宰"或"太宰"。这里的"冢宰"或"太宰"被认为是商周官名，据说周公就曾经担任过这一官职。郑玄认为"冢宰"和"太宰"的区别是，在朝中总领百官，就是冢宰；而在诸侯王的邦国任职的，则是太宰。唐代吏部设置尚书一人，正三品；侍郎二人，正四品上。尚书与侍郎，即可理解为一部的部长与副部长。《唐六典》中说，吏部尚书与侍郎的职责，是掌管天下官吏的选授、勋封、考课的政令。这里面的选授，就是官员选拔授予；勋封，就是对有功之臣的授勋封爵；考课之中的考，是指考察自中央至地方各级官吏在其任职期间执行国家法令的具体表现，课则是依照国家的行政计划进行督课。这几乎包括了国家对官员进行选任、封赏、考核等方方面面，天官之称，可谓实至名归。

吏部尚书、侍郎以下，共设立四个司，即吏部司、司封司、司勋司及考功司。吏部司设置郎中二人，官品从五品上，也就是吏部司的司长；员外郎二人，官品从六品上，也就是吏部司的副司长，另外还有从八品下的主事四人。所谓的“员外郎”，本义是定员以外设置的“郎官”，“置同正员”的意思。不过很遗憾，这和“同进士”是一样的效果，同进士不可能真的等同进士，员外郎也不可能真的等同郎中。两名郎中的工作有分工，一名郎中掌管天下官员的品秩，这种官员是有国家正式品阶编制的，也就是所谓的“大选”；另一名郎中掌管与此相对的“小选”，也就是在九品之外流外官的铨选。如六品以下，九品以上官之子及州县佐吏。在品级之外的小官，亦称流外官。流外官也分为九品，其中等级最高的叫勋品，然后依次为二品至九品。他们没有品级，按年度对其功过行能进行考课，经三次考课逐级升转，转迁时均要试判。最后可以经考试入流，成为正式品官。这两名郎中里，掌管“大选”的郎中尤为重要。唐代官僚制度以散官为“本品”，以散官来担任与之相符的职官（当然是有例外的“行、守”，这一节在后文的散官制度中详细解释）。因此，凡是九品以内官员，人人皆有散官。唐代也是以散官来表示官员的班次、俸禄与章服，等等。虽然吏部郎不过是个从五品上的中级官员，权力却大得惊人，更是唐代官场中所谓的“肥缺”。与此相对，掌管“小选”的郎中虽然权力似乎没有那么大，却也掌握着低层吏员的前程。正是因为吏部司的权力是如此之大，所以设置了两名郎中，而其余三司只有一名郎中。

吏部第二个司是司封司，司长即司封郎中一人，从五品上。副司长司封员外郎一人，从六品上。另外还有从九品上的主事二人。从人数上来说，司封司只有一名郎中和一名员外郎；从官品上来说，吏部主事为从八品下，而司封主事只有从九品上。官员人数的区别，也有一些事务繁忙程度有别的原因。吏部司不仅要考核九品官员，还要考核九品以外的流外官。这些流外官在整个大唐范围来看，可谓数量惊人。相应的，吏部司的工作量也会相当繁重。相比于吏部司来说，司封司的工作就轻松得多了。司封郎中和员外郎所掌管的国家封爵，又分为九等（详见后文“勋与爵”）。需要注意的是，此时的封爵与“封建”，即“封邦建国”绝不相同。所谓的“封建”，在汉武帝实行推恩令之后就再也没有了存在的基础，唐代的封爵只有对封地的收税权，因此决不能等同于“封建”。另外，司封司还掌管内、外命妇制度。所谓的内命妇，就是皇后、皇太后、太皇太后及未婚的公主、长公主、大长公主；还有宗室之母及其正妻、经过君主正式册封的嫔妃，等等。我们今天所谓的皇帝有“三宫六院七十二妃”，其实这种说法是清朝才有的。按照《礼记》中的说法，天子有“六宫、三夫人、九嫔、二十七世妇、八十一御妻”。唐代皇后、皇太后与皇帝一样，是没有品阶的。皇后以下，共有贵妃、淑妃、德妃、贤妃为夫人，都是正一品；昭仪、昭容、昭媛、修仪、修容、修媛、充仪、充容、充媛为嫔，正二品；婕妤九人，正三品；美人九人，正四品；才人九人，正五品；宝林二十七人，正六品；御女二十七员，正七品；采女二十七员，正八品等。至于外命妇，或称诰命夫人，指的是已婚的公主、长公主、大长公主等，及所有经过君主敕封爵位的官员之母或其正室，有时后妃除生母以外的女性直系尊长也能获得君主敕封爵位。而除公主以外，一般得到外命妇身份的女性，封爵等级皆从夫之官衔高低而定，例如一品夫人、二品夫人、三品淑人、四品恭人、五品宜人、六品安人、七品以下皆为孺人。

吏部第三个司是司勋司，司长即司勋郎中一人，从五品上。副司长司勋员外郎二人，从六品上。另有从九品上的主事四人。司勋司顾名思义，主要掌管"勋"的审定、奏拟和公布。功勋首先由兵部上报，然后再由司勋司进行接下来的步骤。唐代勋共有十二等，称为"十二转"，最高等级为上柱国，比正二品；最低等级为武骑尉，比从七品。我们所熟知的《木兰辞》之中，有不少语句是可以判断作品形成时代的。比如"东市买骏马，西市买鞍鞯，南市买辔头，北市买长鞭"一句，可知木兰所处年代为西魏至盛唐时期，因为自备骏马等装备是实行于此时的府兵制的典型特点。"昨夜见军帖，可汗大点兵"一句说明应是西魏至北周，因为隋唐时期天子极力消除鲜卑烙印，除了周边国家称中原帝王为"天可汗"之外，天子自己是不会称"可汗"的。而"策勋十二转，赏赐百千强"一句，说明当时是有策勋十二等级的。而西魏末年，才开始以陇西郡公李虎、广陵王元欣、赵郡公李弼、河内郡公独孤信、南阳公赵贵、常山公于谨、彭城公侯莫陈崇与周太祖为八大柱国，设置十一等策勋。到了北周建德四年（575），才增加了第十二转上柱国。因此，《木兰辞》创作的时间大概率应是北周时期。唐代并非一个和平的年代，边境的小规模战争几乎没有停止过。在敦煌文书、唐开元四年（716）《李慈艺告身书》之中，就可以看到李慈艺经六战而策勋十转的记录。

吏部最后一个司是考功司。考功司设司长考功郎中一人，从五品上；副司长考功员外郎一人，从六品上。另外设置有主事三人，从九品上。考功司的主要职责是掌管内外文武官吏的考课，凡是应考官员，都要事无巨细地记录该名官员当年的功过与行能（即品行与才能），由本司及本州长官对着大家诵读记录，来商议该官员的优劣，将考核结果定为九等。然后各自由其所任职的部门校订，然后将结果上报。凡是内外官员，都要衡量任职地点与京城的距离远近，比如在京师任职的官员，在每年九月三十日之前校订，十月一日将结果送省；外官距离京城一千五百里以内的，八月三十日校订；三千里以内的，七月三十日校订；五千里以内，五月三十日校订；七千里以内，三月三十日校订；万里以内，正月三十日以前校订。唐代在高宗李治在位时期，国力达到全盛。至龙朔三年（663）全面占领百济时，唐朝已经是一个东抵朝鲜半岛、西至中亚的庞大帝国，也因此使得官员进京述职、府兵上番都变成了一件极其困难的事情。无法有效地掌控地方，无法如臂使指地指挥府兵在帝国边疆作战，这恐怕也是导致后来唐玄宗时期府兵制崩溃、继而在天宝十载（751）但罗斯之战失败以及天宝十四载（755）安史之乱等一系列事件的重要原因之一。

户部尚书，按照《通典》和《唐六典》的说法，也就是《周礼》中所说的地官司徒，掌管国家版图内的土地、财政支出与户籍人口。三国曹魏文帝时期设置度支尚书寺，掌管国家财政支出。这里的“度支”，在百度汉语等均读作“dù zhī”。但是，这个“度”，应是“计算、衡量”的意思，也就是测算国家支出。这样来看的话，理应读作“duó zhī”，与《广雅》之中所说的“度音铎”是相符的。晋朝的正统性继承自曹魏，因此沿袭了曹魏的制度，设置度支尚书。隋朝将度支与北周民部合并，在开皇三年（583）将合并后的新部门称为“民部”。唐朝建立之初的武德年间仍然沿袭隋朝，设置民部尚书。等到李世民登基之后，出于避讳，将民部改称户部。其实，由于避讳而更改官署名称一事并不少见。比如隋朝因避隋文帝杨坚之父杨忠的讳，所以改中书省为内史省，又将侍中改称为纳言。唐代改民部为户部也是同样的道理。唐代设置户部尚书一人，正三品；侍郎二人，正四品下。同样是一部的副部长，户部侍郎的官品就较正四品上的吏部侍郎低。这也体现了两部地位的差别。

户部尚书、侍郎以下，同样设置四个司，即户部司、度支司、金部司、仓部司。户部司设置郎中二人，官品从五品上；员外郎二人，官品从六品上。户部郎中与员外郎掌管天下州县户籍人口，并根据天下十道的土地产出而制定贡赋。因为唐代是以户为单位来征收赋税的，所以在全国范围内进行的普查统计的是户，而不是具体的人口。所以我们经常可以在两《唐书》或其他史料之中看到隋文帝杨坚开皇年间天下有户九百多万，而唐高宗永徽三年（652），天下户数只有三百八十余万，至唐玄宗天宝年间才堪堪追平隋朝户籍云云。若是单纯据此认为，贞观永徽之治徒有虚名，未免过于片面。隋朝恐怕是历代统一全国最容易的朝代了，在统一的过程中没有经过像隋末那样大规模的人口减少。反观隋末之时，天下群雄蜂起，更有朱灿这样以活人充作军粮的惨事发生。在频繁的内耗之下，人口减少是必然的。另外，唐初户籍降低的同时，更有大量的逃户、隐户、僧道、私人部曲等，这也是造成户籍减少的重要因素。因此可以说，唐初户籍人口相较隋朝鼎盛时期来说有所减少是必然的，但经过数十年治理之后，人口未必就像字面上看起来那么少。

度支司设置郎中一人，从五品上；员外郎一人，从六品上。另外还有主事二人，从九品上。与户部司不同的是，因为古代国家以农业立国，所以收取的赋税以农业税为主，户部司负责的就是收取农业税（唐代商税在国家整体财政收入中的占比比较低，不足以供养整个朝廷。商人在整个古代社会中多数时间里都被视为是有害的，因为古代朴素的经济观点认为，商人不事生产，却靠着哄抬物价等手段攫取了农民所生产的财富。因此才有“士农工商”四大阶层，将商贾置于最末）。而度支司，则是负责掌控国家的支出。根据地区租赋的多寡、物产是否丰富、道路远近畅通的程度，每年计算支出而支取赋税。因此户部司可以说是“收”，而度支司则是“支”。我们生活在一个物质极大丰富的时代，道路四通八达，交通手段多种多样。但是古代是不同的。因为道路的不畅通，所以离开家乡前往远方可以说是一件九死一生的事。所以孔子说“父母在，不远游，游必有方”。正是因为道路崎岖难行，所以先秦时期必须实行封建制度，靠亲戚和功臣来帮助天子治理四方。自从秦始皇修建了驰道，才有可能对边远地区进行管理。唐代虽然比秦汉时期进步了许多，但行路仍然是一件十分艰苦的事情。由中央向地方输送物资，更是会在途中造成大量损失。所以《孙子兵法》中说“千里馈粮，士有饥色”。因此，地方在上缴赋税的同时，会按照计划存留一部分，作为地方使用。

金部司设置郎中一人，从五品上；员外郎一人，从六品上。另有主事三人，从九品上。金部郎中和员外郎掌管审核全国库藏钱帛出纳帐籍、钱币铸造及有关度量权衡的政令。《唐六典》中关于度量权衡的解释均以农作物“黍”的宽度为标准。所谓的“度”，是指物品长短。一粒黍的宽度为分，十分为寸，十寸为尺，一尺二寸为大尺，十尺为丈。所谓的“量”，是指物品容积多寡的标准。一千二百粒黍为龠（音 yuè），二龠为合，十合为升，十升为斗，三斗为大斗，十斗为斛。所谓的“权”就是秤砣，“衡”就是称，所以一般会合称为“权衡”，是表示物品轻重的标准。一百粒黍的重量为铢，二十四铢为两，三两为大两，十六两为斤。因为“铢”是一个非常小的重量单位，所以有一个成语“锱铢必较”（锱是一两的四分之一），表示一分一厘也一定要计较。而古代一斤为十六两，所以成语“半斤八两”中的半斤和八两其实就是同样的重量。关于钱币的铸造，自从秦始皇统一中国之后，历代王朝都会铸造自己的钱币，唐朝也概莫能外。贯穿整个唐朝，都在铸造开元通宝，所以唐开元也是中国历史上和秦半两、汉五铢并列的，铸造数量极大、目前最为常见的钱币（因为秦国从战国中期就开始铸造半两钱，且在汉武帝铸五铢钱之前的西汉仍在铸造，所以存世量极大）。不过开元通宝在唐代不同时期也有不同的铸造方式，比如唐武宗灭佛之后收集佛寺之中铜像所铸造的“会昌开元”，就是其中的精品。在开元通宝之外，还有唐高宗李治时期铸造的唐代第一种年号钱“乾封泉宝”，安史之乱时期伪燕政权铸造的“得壹元宝”和“顺天元宝”、安史之乱爆发后唐肃宗为挽救国家财政而铸造的“乾元重宝”，另外还有唐代宗大历年间铸造的“大历元宝”和唐德宗建中年间铸造的“建中通宝”等。

仓部司设置郎中一人，从五品上；员外郎一人，从六品上，另外还有从九品上的主事三人。仓部郎中和员外郎的职责是掌管全国粮食仓储出纳的政令及账目，还有非常重要的发放工资等事务。唐代官员工资的发放是以粮食衡量的，《唐六典》中规定在京城任职的官员每年俸禄：正一品七百石、从一品六百石、正二品五百石、从二品四百六十石、正三品四百石、从三品三百六十石、正四品三百石、从四品二百六十石、正五品二百石、从五品一百六十石、正六品一百石、从七品七十石、正八品六十七石、从九品五十二石。不在京城任职的官员，相比京官来说待遇下降一等。官员工资每年发放两次，春夏工资春天发，秋冬工资秋天发。另外，唐代还为退休官员建立了养老金制度，凡是致仕前达到五品以上的官员，发放致仕前的一半俸禄。虽然《唐六典》中有如此记述，但是实际上是不可能全部以禄米发放的，必然有一部分绢帛等其他物品。《唐六典》在开元十年（722）的时候开始编纂，一直到开元二十七年（739）全部编纂完成并呈报玄宗皇帝。其中的内容有不少是一种理想中的构想，与实际生活仍有一定出入。但无论如何，《唐六典》仍是研究唐代制度史的重要史料。

礼部尚书，也就是《周礼》中所谓的春官宗伯。礼部设置尚书一人，正三品；侍郎一人，正四品下。礼部尚书、侍郎掌管天下的礼仪、祠祭、燕飨、贡举等事务的政令。礼仪、祠祭、燕飨等可以归结到“礼”这个范畴之内。唐代是礼制集大成的时代，在贞观初年，太宗李世民召集当时天下的著名儒家学者集体编纂《五经正义》，由于孔颖达是孔子后裔，又是当时的文宗，所以由孔颖达主持编纂。《五经正义》在贞观十六年（642）编纂完成，但太学博士马嘉运等人撰文认为《五经正义》存在彼此互异、不能自圆其说等问题，所以再次经过长孙无忌、于志宁等人的补修之后，终于在永徽四年（653）颁布天下。《五经正义》的修成，是一件继汉武帝罢黜百家、独尊儒术之后再一次统一全国思想、形成统一价值取向的大事，在结束持续了数百年的乱世之后再次把国家整合在了一起。而礼制，就是五经之中最为重要的一个。《周礼》《仪礼》《礼记》这三部书被称为“三礼”，清朝学者赵翼在《廿二史札记》中把三礼和《汉书》《文选》称为整个中古时期三大显学，可见礼学的地位之高。礼的本质就是祭祀，《左传》中说“国之大事，在祀与戎”。祭祀的对象包括天神、地祇、人鬼这三个部分，唐代将祭祀归类于“吉礼”之中，另外还有“凶礼”“军礼”“宾礼”“嘉礼”，统称为“五礼”。我们自称“炎黄子孙”，称我们的国家为“礼仪之邦”，和礼制是脱不开干系的。

另外，科举制度也在隋唐时期得以建立，《唐摭言》中记述太宗李世民看到进士鱼贯而入，高兴地说“天下英雄入吾彀中矣”。科举制度打破了门阀世家对官员的垄断，使得寒门士子甚至庶民百姓也能有一个进身之阶，应该说是一种极大的进步。我们今天的高考和公务员考试，何尝不是科举考试的一种延续呢？

礼部尚书、侍郎以下，同样设置了礼部、祠部、膳部、主客四司。礼部司设置郎中一人，从五品上；员外郎一人，从六品上，另外还有主事二人，从八品下。礼部郎中、员外郎的职责是五礼、陈设、祥瑞等仪式的制定。五礼即如上文所言吉、凶、军、宾、嘉五项，这也是历代延续至今的热门研究，成果极其丰富。五礼之首吉礼，即祭祀天神、地祇（地神）、人鬼（宗庙）。所祭祀的天神并非我们常在小说中看到的太上老君或者玉皇大帝，而是以昊天上帝为首的天神。祭祀作为至高神的昊天上帝，地点一般是在南郊圆丘，也就是我们现在所说的北京天坛。另外，封禅泰山所祭祀的也是昊天上帝。唐代京城在长安，所以在长安也是有天坛的。洛阳也理应有天坛，但是还没有发现遗址，甚为遗憾。在祭祀昊天上帝之外，还要祭祀五方天帝。请注意，五方天帝与五帝是不同的，顾颉刚先生早已有过论述，五方天帝概念的出现还要早于五帝。五方帝分别是：东方青帝灵威仰、南方赤帝赤熛怒、中央黄帝含枢纽、西方白帝白招拒、北方黑帝汁先纪（或称北方玄帝汁光纪）。除此之外，还要祭祀风伯雨师等众神，以祈祷风调雨顺。地祇，也就是地神，就是以社稷为主的神灵。我们经常听到"社稷"这个词，来代表国家朝廷。社是指太社，也就是土神；稷是指太稷，也就是谷神。土神和谷神是以农为本的中华民族最重要的原始崇拜物。社稷为土谷之神，土载育万物，谷养育民众，土、谷是人们首要的最基本的生活条件，因而也必然是古代中国的立国之本，立政之基。另外，还要祭祀五岳、四镇、四海、四渎，等等。五岳在当今社会仍然拥有极高的知名度，四镇却鲜少有人提及。四镇分别是东镇沂山，南镇会稽山，西镇吴山，北镇医巫闾山。关于四海，各种文献的解释不一。比较相通的是，古代认为中国四境被海所环抱，因此称东、南、西、北四海。另外四海在很多语境下指代天下，这应该是《尔雅·释地》中所说的"九夷、八狄、七戎、六蛮，谓之四海"。四渎为江、河、淮、济四条大河，这是大家都知道的事情。古代说"江"，是专指长江；说"河"或"大河"，是专指黄河，其他的河流称"水"。值得一提的是，汉以前的文献是找不到"黄河"

这个称谓的，直到《汉书·高惠高后文功臣表》之中说，“使黄河如带，泰山若厉，国以永存，爰及苗裔”，而《史记·高祖功臣侯者年表》之中同样的内容却说：“使河如带，泰山若厉。国以永宁，爰及苗裔。”这一字之差说明，在《史记》编纂的西汉到《汉书》编纂的东汉时期，原本清澈的大河之水变黄了，成了黄河。最后的祭祀人鬼，也就是以祭祀祖宗宗庙为主，加上祭祀先圣先师等。学习历史的意义，我想有很大一部分是要铭记我们从何处来。知道我们从何处来，才能够让我们这个民族紧密地团结在一起，因为我们本就拥有相同的血脉、相同的祖先，这样才能让我们自称炎黄子孙。祭祀宗庙、祭祀先祖，也是出于同样的目的。至于祭祀先圣先师，古代有文庙武庙之分，以此来祭祀对中华文明发展做出重大贡献的人物。汉代将周公定为先圣、孔子定为先师，到唐朝太宗时期，将孔子尊为先圣。此后，孔子在国学祭祀中的独尊地位再也没有变化，孔子也是历代祭祀的文庙之首“文宣王”。文庙祭祀系统有包括孔子在内的二圣（即孔子与亚圣孟子）、十哲、七十二子。到唐玄宗开元十九年（731），玄宗皇帝为表彰并祭祀历代名将，以姜子牙为首称“武成王”，下设亚圣张良与历代名将十人来进行祭祀。唐德宗时期，在颜真卿建议下增设古今六十四名将为从祀，从而形成了武庙祭祀体系。

在此之外，礼部郎中和员外郎还掌管祥瑞等事务。古代国家经常通过祥瑞来彰显太平盛世，宣扬统治的正当性获得了上天的承认，才降下祥瑞来表示对人间帝王的嘉奖。这种思想的起源应该说远早于文字记载的史书出现的时期，但祥瑞的盛行和汉朝公羊学的盛行不无关系。公羊学据说是战国时公羊高对《春秋》的解释，最初由口头流传，并在西汉景帝时期由公羊高的玄孙公羊寿和胡毋高一起“宣之竹帛”。公羊学的典型特点，一是大肆宣扬复仇主义，称“九世之仇犹可报”，另外就是好引谶纬，宣扬天人感应。这样的观点为董仲舒所继承，在汉武帝时期提出了著名的天人感应说。而出现祥瑞，最能体现人间帝王的功绩得到了上天的肯定，自此之后历朝历代的祥瑞层出不穷。其实这种祥瑞都是人为编造，或是后人附会的。唐人将祥瑞分为大瑞、上瑞、中瑞、下瑞四个等级。如果有神龟、龙、驺虞、白泽、神马、龙马、泽马这样的大瑞出现，文武百官要奉表祝贺，有关部门告祭太庙。反之，如果出现了日食月食一类天文现象，要在当天在太庙设置五鼓、五兵，皇帝不工作，百官身着素服在自己办公室守卫，等到日食月食过去才罢休。如果发生五岳、四镇这样的名山地震、四渎这样的大川发生洪水这样的事，要三天不上朝，以此向上天表示惶恐。

祠部司设置郎中一人，从五品上；员外郎一人，从六品上，另外还设置有主事二人，从九品上。与礼部司制作礼仪不同，祠部司主管这些礼仪的具体实施以及天文、占卜、佛道等事务。唐代将祭祀分为大、中、小三个等级，如祭祀昊天上帝、五方帝、皇地祇、神州、宗庙等为大祀；日、月、星、辰、社稷、先代帝王、岳、镇、海、渎、帝社、先蚕、孔宣父、齐太公、诸太子庙等为中祀；司中、司命、风师、雨师、众星、山林、川泽、五龙祠和州县社稷、释奠为小祀。另外，祠部郎中和员外郎还要掌管天下佛道方外人士。自从东汉永平十三年（70）白马负经抵达洛阳，在洛阳兴建白马寺之后，佛教便在中国扎下根来。几乎与此同时，道教在融合了先秦道家思想和秦汉方士炼丹术之后，也在东汉时期兴盛起来。由于方外宗教人士不需要纳税，就有自耕农为了躲避赋税自愿将土地奉献给寺庙或道观，导致政府在册人口数量下降，可收取的赋税也不断降低。因此，古代中国一直在“崇佛抑道”和“崇道抑佛”之间徘徊。当佛教过于兴盛，就强令僧人还俗，收回大量土地、人口及财赋，反之亦然。所以在北朝至隋唐出现了著名的“三武一宗”灭佛事件。李唐王朝奉道祖老子为祖先，给老子上尊号曰“太上玄元皇帝”，又有唐武宗灭佛一事，加之涌现了袁天罡（一作袁天纲）、李淳风等著名大道士，乍一看起来似乎是崇道抑佛的。但是根据《唐六典》的记载，开元年间共有道观一千六百八十七所，同时佛寺却有五千三百五十八所。佛教在唐朝兴盛之状蔚为壮观，甚至大诗人王维取字摩诘，这就是出自佛典《维摩诘经》（古人取字的原则是解释名，至少有所关联）。佛教在唐代的兴盛可见一斑。如此庞大的宗教人士数量，自然需要政府有力的监管。祠部就是负责宗教的度牒发放、人数登记、各道观寺庙的职位管理等。

膳部设置郎中一人，从五品上；员外郎一人，从六品上，另外设置有主事二人，从九品上。膳部郎中和员外郎主要掌管祭祀时所需要的三牲、豆笾（类似高脚餐盘的祭祀用具）等。像是各州祭祀岳、镇、海、渎、先代帝王的情况，使用太牢，即牛、羊、猪三牲进行祭祀；各州、县行释奠礼祭祀孔子或祭祀社稷时，使用少牢，即羊、猪二牲进行祭祀；进行郊祀天地、日月、星辰、岳渎及配享宗庙等，则使用豆笾等进行祭祀。

主客司设置郎中一人，从五品上；员外郎一人，从六品上，另外设置有主事二人，从九品上。主客郎中和员外郎主要负责接待二王后、藩属国朝贡等事务。所谓的二王后并非是两名王后的意思，而是“二王之后”，即前面两个王朝的后裔。唐代所说的二王后，也就是隋朝和北周两代皇室的后裔了。唐代是中国历史上又一个“万国来朝”的大帝国，藩属国至玄宗朝为止，前后共计曾经有三百余国。在唐代立国上百年时间之后，一些藩属国被灭，到了开元年间还剩余有七十余国。这些国家在前来朝贡之时，他们所持的礼仪、享燕（就是宴会）的规格，均由主客司来决定。

兵部尚书，也就是《周礼》之中所说的夏官司马。唐代是继汉朝之后，又一个军事力量极度强盛的朝代。军事力量的强大，与军队制度是脱不开干系的。唐代至玄宗开元年间为止，所实行的军制称“府兵制”。府兵制起源于西魏，在北魏经过六镇之乱、河阴之变、东西魏分裂等一系列事件之后，西魏宇文泰于大统八年（542）把流入关中地区的六镇军人和原在关中的鲜卑诸部人编为六军。府兵参战武器和马匹自备，在全国建设有负责府兵选拔训练的折冲府。唐朝初期实行府兵制，在中央设置军府，府中的士官从老百姓中挑选而来，他们平时耕种，战时被召集到一起。由于府兵制的半军半农性质，所以府兵制的先提条件就是租庸调制，而租庸调制又是以均田制为基础的。唐代规定，凡是均田人户，不论其家授田是多少，均按丁交纳定额的赋税并服一定的徭役。一旦均田被破坏，租庸调制则会随之失败，武周后由于人口增加，又不断土地兼并，公家已无土地实行均田制，男丁所得土地不足，又要缴纳定额的租庸调，使农民无力负担。在唐朝建立一百余年之后，由于关内土地兼并情况日益严重，加上人口极大增加，所以租庸调制逐渐崩坏。在租庸调制无法实行之后，府兵制度终于在玄宗天宝八载（749）彻底废除，取而代之的是节度使制度。唐代设置兵部尚书一人，正三品；兵部侍郎二人，正四品下。兵部尚书和侍郎的职责主要是全国军队军籍、山川地形图、马匹、武器军械的管理等。

在兵部尚书以下，设立了兵部、职方、驾部、库部四个司。兵部司设置郎中二人，从五品上；员外郎二人，从六品下，另外还设置有主事四人，从八品下。兵部司设置有两名郎中，工作有分工不同。其中一名的职责主要是武官的勋、禄和官阶。唐代设置散官制度，如前文所述，文官有文散官制度，武官则有武散官制度。武散官设置九品二十九阶，勋有十二等，即前文所述“策勋十二转”（具体详见后文散官制度、勋与爵）。另外一名郎中的职责主要是掌管军队系统中差遣的名数，如节度使制度（详见后文府兵制与藩镇制）。凡是大将出征之时，先要由朝廷授予礼器斧钺，以表示庄重。然后拜祭齐太公庙，在拜祭之后就不允许回到自己家中住宿了，只能住在军营中。在领兵作战时，将领可以专断其权，行使赏罚。在战胜之后，军队尚未遣散时，召集部下记录功劳、割取敌人左耳数量（原本是计算斩首数量，但是因为过于沉重改为割下左耳进行统计）、出征费用几何、俘虏敌军人数等信息，将这些信息写在公告上，然后告祭太庙。在出征将领凯旋之时，皇帝率领百官出城犒劳，相关部门向太庙献捷，再次祭拜齐太公庙。

员外郎的工作依然有分工，一名员外郎掌管武举。武举制度始于武周长安二年（702）“诏天下诸州宣教武艺”，为天下武士举行一次考试，考试合格者授予武职。武举制度并非常置，而是时兴时废。应试武举，首先要考的是兵法谋略，再考个人武技，然后还要考弓箭。武举考试弓箭分为两个方面，一个是平射，一个是抛射。考试弓箭时要设立一面靶子，平射时十箭之中五箭中红心，另外五箭中外环，被称为“上第”；若是三箭中红心，七箭中外环，则被称为“下第”。试验抛射时，十箭中四箭中红心，另外六箭中外环为上第；三箭中红心，七箭中外环为下第。成绩不如下第的，就是不第了。在武举之外，还有一种武官的进身方式，即由人举荐。对被举荐之人的解状、簿书、资历、考课进行核对，也就是另一名员外郎的职责。

职方司设置郎中一人，从五品上；员外郎一人，从六品上，另外设置主事二人，从九品上。职方司郎中与员外郎掌管天下山川河流地形图的绘制，以及城隍、镇戍、烽候的数量等。每当有外夷藩官进京时，委托鸿胪寺询问来人国家的地理方位及风土人情，绘制地图呈报。

驾部司设置郎中一人，从五品上；员外郎一人，从六品上，另外设置主事三人，从九品上。驾部司，顾名思义，与马匹相关。在古典冷兵器战争之中，骑兵所能发挥出的作用远大于步兵，尤其擅长城外野战。在先秦时期，国力常以战车的数量来衡量，所以会有“天子万乘、诸侯千乘、大夫百乘”这样的说法，其中的“乘”就是指战车。战车这种东西，只能在地势平坦的平原上进行作战，加上这时橡胶还没传入中国（大航海时代来临之后才从南美传入），缺乏减震手段，所以一旦遇到地势不平坦甚至有些大一点的石块，就会导致战车倾覆。不是当时的人们没有想到直接骑马，而是还没有发明马鞍和马镫，传统的农耕文明终究比不上一辈子生长在马上的游牧民族。直到两汉时期，发明了马鞍和马镫之后，战车才彻底退出历史舞台。作为冷兵器时代当之无愧的王者，直到 20 世纪 80 年代才取消了中国最后一支骑兵部队。由于骑兵在古典冷兵器战争之中具有极高的机动性、强大的杀伤力，所以历朝历代都非常重视骑兵的建设。驾部司除了负责为国家豢养马匹，以供战争之用以外，还负责掌管车舆和驿站，等等。

库部司设置郎中一人，从五品上；员外郎一人，从六品上，另外设置主事二人，从九品上。库部司主要负责国家武器铠甲、作为礼器的武器等。唐代可以说是中国古代冷兵器铸造的巅峰时期，唐刀至今仍是世界兵器史中广为人所知的著名刀具，也是日本刀的前身。唐代刀具有四种制度，即横刀、仪刀、障刀、陌刀。横刀作为唐代士兵的标配，刀身狭长，刀柄可以双手握持。目前保存在日本奈良各博物馆的诸多“唐样大刀”，就是来自唐朝的赏赐。仪刀是一种长刀，主要由禁军和仪仗队使用，已经失去了实际的使用价值，变得具有了一定的礼器性质。关于第三种障刀，目前对其形制有所争议。一种观点认为，障刀是类似于匕首的短刀；另一种观点认为，障刀是一种宽刃横刀，又比横刀长一些，横刀普遍长度是八十厘米左右，而障刀长度在一百厘米左右。最后一种是陌刀，这是古代重兵器的巅峰之一，由于至今没有任何出土实物，所以只能根据史料中对陌刀手的记载来想象一二。根据《旧唐书·李嗣业传》的记载，玄宗天宝年间李嗣业与郎将田珍为陌刀将。在平定安史之乱时，李嗣业手持陌刀，“当嗣业刀者，人马俱碎”。这个“俱碎”，是一个非常可怕的描写，让人不寒而栗。根据目前的史料所见，陌刀应是一种刃长八尺（唐代标准尺合现代 31 厘米左右），柄长六尺的巨型大刀。根据《新唐书·张兴传》的记载，陌刀重十五斤（唐代一斤约合现代 596.82 克），也就是现代十八斤重。挥舞这样的巨型大刀，难怪威力绝伦了。

刑部尚书，即《周礼》中所说的秋官。刑部设置尚书一人，正三品；侍郎一人，正四品下。作为律令制国家的典范，唐代的律、令、格、式对后世及周边国家的影响相当深远。所谓的律是对各种违法行为的惩罚条文；令是制度、规章的规定；格是用来防止奸邪的禁令，对律的补充和变通条例；式是官府机构的各种章程细则。我国古代虽然据说在夏商的时候就确立了刑法，但是法治思想体系的建立，应该说是从春秋战国时期开始的。春秋时期管仲说“不法法，则事毋常；法不法，则令不行”，《左传》和清华简《子产》分别记述子产铸刑书，再到战国早期李悝收集诸国刑书编纂《法经》，商鞅制定《秦律》，终于在汉武帝时期一方面罢黜百家独尊儒术，一方面任用张汤、赵禹增添律令科条，从而形成了外儒内法（或者称外圣内王）的思想体系。尤其唐代律令，更是影响深远。日本在大宝元年（701）修订的《大宝律令》、养老二年（718）重修的《养老律令》，几乎原文照抄了唐代律令。可惜的是，由长孙无忌编纂的《唐律疏议》虽然流传至今，但是唐令却没有流传下来。近现代学者根据北宋《天圣令》和日本《大宝律令》《养老律令》对唐令进行了复原，成果蔚为可观。刑部尚书、侍郎便是掌管天下刑法及囚徒、关禁之政令的。尚书、侍郎以下，共设置了刑部、都官、比部、司门四司。

刑部司设置刑部郎中二人，从五品上；员外郎二人，从六品上，另外还设置了主事四人，从九品上。刑部郎中与员外郎的主要职责是辅助刑部尚书、侍郎一起掌管律法。唐代律有十二章，分别是《名例》《卫禁》《职制》《户婚》《厩库》《擅兴》《贼盗》《斗讼》《诈伪》《杂律》《捕亡》《断狱》这十二种大的条目，细则有五百余条。令有二十七种，分别是《官品》《三师三公台省职员》《寺监职员》《卫府职员》《東宫王府职员》《州县镇戍岳渎关津职员》《内外命妇职员》《祠》《户》《选举》《考课》《宫卫》《军防》《衣服》《仪制》《卤簿》《公式》《田》《赋役》《仓库》《厩牧》《关市》《医疾》《狱官》《营缮》《丧葬》《杂令》，细则有一千五百四十六条。另外还有格二十四篇、式三十三篇。

值得一提的是，由唐代律令之中衍生出了一个成语，叫作“十恶不赦”。所谓的“十恶”，就是唐代律法中的概念。凡是犯了这十条大罪的，即使遇到了特殊情况（比如新皇登极、改元等）从而大赦天下，也是遇赦不赦，所以叫作十恶不赦。这十种罪行分别是谋反、谋大逆（指毁坏宗庙、山陵及宫阙）、谋叛（其实就是叛国）、恶逆（这是指殴打或谋杀祖父母、父母，或是杀死伯叔父母、姑、兄、姐、外祖父母、丈夫、丈夫的祖父母等）、不道（指恶意杀死一家无辜之人三人以上和以极其残忍的手段杀人碎尸者）、大不敬（指偷盗国家级祭祀所使用的物品、偷盗或伪造皇家用品、无人臣之礼等）、不孝、不睦（指谋杀或贩卖亲属等）、不义（指谋杀属地官员及老师）、内乱（指与祖父或父亲的妾乱伦，当然是管不到李治的）。

都官司设置郎中一人，从五品上；员外郎一人，从六品上，另外设置主事二人，从九品上。都官司郎中和员外郎主管囚徒和官员犯法之后子女亲属被罚没而成的奴婢，供给他们的粮食和医疗。

比部司设置郎中一人，从五品上；员外郎一人，从六品上，另外还设置主事四人，从九品上。在唐代刑部中的比部，是一个非常特殊的机构。《通典》中说：“（比部）掌内外诸司公廨及公私债负、徒役公程、赃物账及勾用度物。”也就是说，比部郎中和员外郎主要的职责是审核、统计物资用度，说明比部司虽然是刑部下辖的机构，却是一个财政审计机构。唐代经济的繁荣促使国内各阶层经济往来十分频繁，社会分工的逐渐细化以及工作的专业化，导致唐代的会计业得到了更快更成熟的发展。另外，由于唐代经济的发展相当迅速，繁荣的经济带来了繁杂而庞大的财会工作。于是，比部司应运而生。比部郎中、员外郎的职责就是审核统计、财政监察。一方面保证国家财政的正常运转，另一方面也起到一个督查的作用。

司门司设置郎中一人，从五品上；员外郎一人，从六品上，另外还设置主事二人，从九品上。司门郎中、员外郎的职责是掌管进出天下城门和关隘，并检查来往之人是否携带了违禁品，并向他们课税。

工部尚书，即《周礼》中所说的冬官。工部设置尚书一人，正三品；侍郎一人，正四品下。工部尚书、侍郎的职责是掌管全国屯田、水利、土木、百工、交通运输等方面相关的政令，下属设置工部、屯田、虞部、水部四司。

工部司设置郎中一人，从五品上；员外郎一人，从六品上，另外设置了主事三人，从九品上。工部司主要负责兴建城池、宫殿的修缮及工匠使用器具标准的制定等。关于工匠使用器具标准的制定，由于历代的度、量、衡皆有不同，所以每个时代都需要重新进行厘定。但是，哪怕制定了统一的生产标准，就出土实物来看，实际上仍然有一定出入。至于兴建城池，全国最重要的城池兴建工程莫过于京城和皇城。在隋朝建立之初，由于汉长安城的破败，隋文帝杨坚在开皇二年（582）派遣左仆射高颎总领、太子左庶子宇文恺进行规划设计，兴建大兴城（即长安城）。大兴城不是在旧有基础上进行改建、扩建而成的城市，而是在短时间内按周密规划兴建而成的崭新城市。全城由宫城、皇城和郭城组成，先建宫城，后建皇城，最后建郭城。开皇二年（582）六月开始兴建，十二月基本竣工，次年三月即正式迁入使用，前后仅耗时九个月。在此之后，宇文恺还在隋炀帝大业年间兴建了隋唐洛阳城。古往今来，再没有哪一位建筑师一生能有这样设计建造两座名城的机会。

隋唐长安城东临黄河及华山，西据陇山，南有终南山，北依渭河。南面有三门：中间明德门、左启夏门、右安化门；东面有三门：中间春明门、北通化门、南延兴门；西面有三门：中间金光门、北开远门、南延平门。皇城设置在长安城中央，南面有三门：中间朱雀门、左安上门、右含光门；东面有二门：北延喜门、南景风门；西面有二门：北安福门、南顺义门。宗庙、社稷、六省、九寺、御史台、东宫官署等部门均设置在皇城之中。宫城在皇城之北，唐代三大内大明宫、兴庆宫和太极宫均在宫城之内。

屯田司设置郎中一人，从五品上；员外郎一人，从六品上，另外设置主事二人，从九品上。屯田郎中与员外郎掌管天下屯田相关的政令，凡是边关缺乏粮食，就设置屯田来增加军队储备。

屯田是汉文帝时期开始，历代政府为取得军队给养或税粮，而由政府直接组织经营的一种农业集体耕作制度。屯田组织性强，耕地面积大，应用先进耕作方法，劳动生产率较高，财政收入率也较高。从此以后，经历魏晋南北朝至隋唐，历代均推行过屯田制度。

虞部司设置郎中一人，从五品上；员外郎一人，从六品上，另外还设置主事二人，从九品上。虞部郎中、员外郎的职权范围包括天下的采集业和捕猎。环保意识并非现代人所独有，古人早就知道不能过度采伐、过度捕猎的道理。唐代认为，凡是冬、春之交，都是鱼类繁衍的时候，所以在此时禁止捕鱼；凡是在春、夏之交，都是野兽孕育的时候，所以在此时禁止狩猎。但如果是虎豹豺狼等对人有危害的野生动物，就可以不限季节进行捕杀，成功了还有不同的奖励。

水部司设置郎中一人，从五品上；员外郎一人，从六品上，另外设置主事二人，从九品上。水部郎中、员外郎掌管天下江河湖泊相关的政令，也就是水利工程及河运、渔捕，等等。有趣的是，由于工部在五行之中属水，所以工部也称“水部”，不过此“水部”就非彼水部了。

# 第四章

# 九寺与五监

## 一、九寺

秦朝将官员任职的所在，也就是官员的办公场所，统称为寺。唐代颜师古注《汉书》说："凡府庭所在皆谓之寺。"因此，唐代所谓的九寺，并非指寺院、寺庙，而是官署的意思。至于佛教寺庙为什么也称"寺"，是因为东汉永平七年（64），汉明帝听说西方有异神，于是遣郎中蔡愔、博士弟子秦景等赴天竺求法，继而在永平十一年（68）用一匹白马驮经抵达洛阳，这便是佛教第一次传入中原。因为刚抵达洛阳时居住于鸿胪寺，因此在兴建了白马寺之后沿用了鸿胪手中“寺”的名称，此后佛教庙宇也称为“寺”。

唐代在三省六部之外，另外设置了九寺，与六部共同掌管具体政务。九寺的名号自然不会凭空产生，而是源自秦汉时期的九卿制度。所谓的秦汉九卿，就是太常、光禄勋、卫尉、太仆、廷尉、大鸿胪、宗正、大司农、少府，也被称为九寺大卿。到了东汉时期，九卿分属于三公管辖，即太常、光禄勋、卫尉归太尉管辖；太仆、廷尉、大鸿胪归司徒管辖；宗正、大司农、少府归司空管辖。北齐设置太常、光禄、卫尉、宗正、太仆、大理、鸿胪、司农、太府为九卿，隋唐沿袭了这种制度，于是就有了唐代的九寺。

九寺第一为太常寺。太常寺是与礼部共同掌管国家礼乐、郊庙、社稷等事务的官署，设置太常卿一人，正三品；少卿二人，正四品上。太常卿下辖郊社、太庙、诸陵、太乐、鼓吹、太医、太卜、廪牺八个官署，来分别掌管郊庙、祭祀、占卜等事务。少卿作为卿的副手，帮助卿施行政令、管理各官署。凡是国家有重大礼仪活动，皇帝担任初献（重大礼仪中有三次献酒仪式，第一次献酒为初献，第二次献酒为亚献，第三次献酒为终献），那么太常卿就要担任接引宾客和赞礼的职责，也就是傧相。如果皇帝有事不能参加礼仪活动，那么由“有关部门”来代替皇帝担任初献（一般是三公），太常卿来担任亚献。在典礼的前夕，太常卿要率领太乐署的官员，做好相关的准备工作。三公巡行园陵，太常卿作为副手，要备齐祭服车驾并安排仪仗队，以此来奉行礼制。如果要行大祭祀之礼，太常卿要先检查供祭牲畜（太牢或少牢）和器具（豆笾等祭祀用具）。如太卜署占卜国家大事及祭礼的日期，太常卿都需要亲自到太庙南门外进行安排。

太常寺下辖的官署之中，所谓的“郊社”，也就是“郊”和“社”的合称。郊指冬至日祭天于国都南郊，社指夏至日祭地于北郊。这两项祭典都在郊外举行，所以常常统称为“郊”。在古人的观念中，南方为阳位，所以在南郊祭天，天圆，所以南郊的祭坛筑成圆形，称为“圆丘”；北方为阴位，所以在北郊祭地，地方，所以北郊的祭坛筑成方形，称为“方丘”。这个“圆丘”和“方丘”，也就是我们说的天坛和地坛。

所谓的“太庙”，也就是皇帝家的祖庙。唐武德元年（618）李渊称帝时，将他之前的四代祖先追尊为宣简公、懿王、景皇帝、元皇帝，把他们的神主奉于太庙之中。此后，每有皇帝死后，即祔其神主于太庙。如果国家发生了重大灾害，对古人来说表示天子或三公“失德”，这时候天子就需要去太庙进行检讨反省；如果国家取得了重大的军事胜利，天子也需要前往太庙进行报捷。

所谓的“诸陵”，是指高祖李渊献陵、太宗李世民昭陵、高宗李治乾陵、中宗李显定陵、睿宗李旦桥陵等帝王陵墓。唐代在关中地区一共立有帝陵十八座，埋葬了十九位皇帝（李治与武则天合葬于乾陵）。在唐代之前，帝王陵均为“封山起家”，垒起一个高高的封土堆，所以也称为“山陵”。到了唐代，由于国力强大，能够动用大量的人力物力财力“因山为陵”，将山掏空，作为帝王的陵墓。唐代除了高祖李渊的献陵和中晚唐的敬宗庄陵、武宗端陵、禧宗靖陵等之外，都是因山为陵。诸陵署，就是负责诸陵的警卫、守护等。

所谓的“太乐”，就是执掌音乐的官署。我们今天听的音乐，基本上已经不再具有祭祀的功能了。但是在古代，音乐是和祭祀分不开的。而祭祀，也就是“礼”的本质。所以传说周公制礼作乐，礼乐原本就是不分家的。太乐署的职责，就是掌管训练乐人、调和钟磬等乐器的音律，供国家祭祀和宴会礼仪之用。皇帝使用宫悬之乐，皇太子用轩悬之乐。宫悬之乐所用的乐器为镈钟十二架，编钟十二架，编磬十二架，共三十六架。轩悬之乐比宫悬之乐的规格要低一些，镈钟、编钟、编磬各九架，一共有二十七架。除此之外，在不同的场合所奏的音乐也有不同。比如祭祀高祖李渊时，用《大明》之舞；祭祀太宗李世民时，用《崇德》之舞，等等。

所谓的“鼓吹”，是指帝王或大臣出行时仪仗队中的吹奏乐队。鼓吹原本用于军事用途，在军队中使用，用以壮军威。后来经常会有皇帝赏赐大臣“赐鼓吹一部”，久而久之就成了仪仗乐队。唐代天子出巡的御驾分大驾、法驾、小驾三种，其仪仗队列规定不同。大驾行幸，仪仗则分前、后二部来进行管理。前后二部使用的乐器非常繁多，有抬鼓十二架、金长柄钟十二、大鼓一百二十、长鸣一百二十、铙鼓十二架，再夹入歌、箫、笳各二十四等。我们今天所说的“大驾光临”，其实原本就是指帝王出巡的御驾。法驾行幸，仪仗减去大驾仪仗的三分之一；小驾再减去大驾的一半。

唐代设置的太医署，其实就是我们经常在影视剧中看到的“太医院”。太医署的职责是掌管宫廷内各种医疗的法度，设置有医师、针师、按摩师、咒禁师四种下属，各下属还比照国子监进行升迁考核。太医署对医生的考核相当严谨，各门医生和针灸师攻读《本草》专业的，要求认识药的形状和性味；攻读《明堂》科的，要求认识经络图且知晓针灸穴位；攻读《脉诀》科的，要求顺脉象而诊症候，熟练应用浮、沉、滑等脉象的变化；攻读《黄帝素问》《黄帝针经》《甲乙脉经》的，要求精通熟练。

所谓的“太卜”，主要掌管卜和筮的法度，负责占卜国家大事的吉凶。占卜共分为龟占、兆占、易占和式占四类。在商周时期，先民就使用筮草和龟甲进行占卜，传说中武王伐纣时就曾经用龟甲来占卜吉凶。在唐代，凡是龟占则必须分辨龟的九类和五色，按照四季节令而分别应用。所谓的九龟是指石龟、泉龟、草龟、江龟、洛龟、海龟、河龟、淮龟、旱龟。春用青龟，夏用赤龟，秋用白龟，冬用黑龟，每后一月用黄龟。龟甲上圆，象征天；下方，象征地。甲有十三纹痕，象征十二个月，一纹象征闰月。甲的边翼有二十八匡，象征二十八宿。骨有六间，象征六府。曲线有八间，象征八卦。甲文有十二柱，象征十二时。所以，古代认为龟甲能象征天地，辨识万物。

最后的“廪牺”，是指祭祀时所使用的牲畜、谷物和礼器。在唐代，高等级的国家级祭祀，需要使用牲畜进行祭祀，也叫作“牺牲”。祭祀昊天上帝用苍色牛犊，祀地祇用黄色牛犊，祭祀神州用黑色牛犊。祀五帝用牲的颜色按各天帝方向的颜色，如东帝青、南帝赤等，祀太阳神用青色牲，祀月亮神用白色牲。祭祀宗庙、社稷、五岳、四镇、四海、四渎、先农、先蚕、前代帝王、孔子、姜太公等要牛、羊、猪三牲俱全的太牢，祭祀风师、雨师、灵星，司中、司命、司人、司禄及五龙祠、司冰、太子庙用羊、猪组成的少牢，其余祭祀只用一牛，即特牛。凡是大祀所用的祭牲，需在饲养祭牲的房子饲养九十天；中祀用的祭牲养三十天；小祀养十天。如果按祭祀要求的方色难以备办，那么纯色即可。凡是用于祭祀的牺牲，不得击打损伤，死后埋掉，病了调换。皇帝籍田所收九谷一律收藏在神仓，以供祭祀及五齐、三酒装供之用；如果有剩余及其秸秆，供饲养祭牲。凡是供别的祭祀需用太牢的，则供牛、羊、豕三牲又加酒、干肉及肉鱼制酱。凡遇大祭祀，廪牺令与太祝把祭牲拴在指定牌位；当太常卿审察祭牲时，廪牺令面北而立，向太常卿察报祭牲“膘肥体壮”，经认可后再将牺牲交付主管官员宰杀献祭。

九寺第二为光禄寺，掌管国家的酒醴、膳食等事务。光禄寺设置卿一人，正三品；少卿二人，从四品上，下属设置太官、珍羞、良酝、掌醢四个官署。凡是国家有大祭祀的礼仪，光禄寺负责检查祭牲和大锅等器物，检查洗涤程序。如果在祭祀活动中由三公来代替天子主祭，就以光禄寺卿来担任终献。举行朝会、国宴时，光禄卿按照不同的规定，分别予以适当的供给。

太官署的主要职责是在祭祀时提供祭品、祭器等事务。到了祭祀的时候，由太官令请光禄卿亲临厨室察看祭祀时用的牲畜和大锅，从大盆中取出明水，再用阳燧（凹面青铜镜）映日取得明火。率领屠宰工宰杀祭牲，毛血放在豆里，然后烹煮肉类。同时，又率领进食者装好簋、簠（祭祀用的青铜锅具）等器具，摆设在帷幕内。凡是冬至升坛祭祀昊天上帝，陈设十二个笾、十二个豆（豆笾类似于高脚的盘子）、一个簋、一个簠、一个甄、一个俎。祭祀五方帝，将豆和笾各减去两个；祭祀日神、月神，将豆、笾再减去两个；祭祀内官、中官众星，设置豆、笾各两个，簋、簠、俎各一个；祭祀外官众星，豆、笾各一个，簋、簠、俎各一个。孟春祈祷五谷丰登而祭祀昊天上帝、配帝、五方帝，陈设与冬至时的祭祀礼仪相同。孟夏祈雨祭祀昊天上帝、配帝、五方帝，礼仪与祈谷相同。

珍羞署，负责掌管提供各种佳肴的事务。陆地产的物品有榛、栗、脯、干肉，水产品有鱼、盐、菱角、芡，按照种类和数量，合计收支，以供应祭祀、朝会和宴请宾客所需。各位读者看到这里的时候，恐怕会感到奇怪，国家级别的祭祀、饮宴，难道就吃得这么简陋？其实，在祭祀中使用的食材，都经过了严格的挑选，沿用了“古代（一般会说夏商周，其实就是周）”的制度。也就是说，古代祭祀或宴会中吃什么，唐代也是如此。这就是“礼”。另外，我们今天生活在一个物质极大丰富的时代，运输路径畅通，身处一隅就可以享用到全国各地甚至世界各地的产品。但是唐代是不行的，杨贵妃想吃荔枝还需要快马加鞭从南方运输。烹饪手段也只有蒸、煮、烹、炸等。可以说，现代人所能享受的生活，是古代的帝王将相所不能想象的。

有了各种食物，当然少不了酒。良酝署就掌管国家祭祀时所使用的五齐、三酒。所谓的五齐，是指泛齐、醴齐、盎齐、醍齐、沈齐；所谓的三酒，是指事酒、昔酒、清酒。我们今天所饮用的酒，有各种蒸馏酒、果物酿造酒、气泡酒等，这些酒的种类，除了果酒之外，都是唐代所没有的。在唐代，还没有发明蒸馏技术（元明时期才出现蒸馏酒），所以酒的酒精度比较低。因为是酿造酒，所以酒水中会有谷物残留，也就是明代杨慎所作《临江仙》中说的“一壶浊酒喜相逢”。既然有谷物残留，为了不影响口感，就需要将酒水进行过滤。所以我们在《水浒传》中可以看到武松在景阳冈前饮酒时说的是“筛酒”。到了清朝时期，经过蒸馏的白酒已经很普及了，所以在清代成书的小说《三侠五义》中可以看到蒋平去酒家说的是“打酒”。五齐，都是未经过滤的浊酒。泛齐为酒糟浮在酒中，醴齐是渣滓和酒液混合，盎齐是白色之酒，醍齐是丹黄色之酒，沈齐是酒的糟、渣下沉。三酒中，事酒为因事之酿，时间很短。昔酒是可以短时储藏之酒，稍醇厚一些。清酒则冬酿夏熟，为当时酒中之冠。

掌醢，掌管醋酱等物品以及种类的分辨。这里的酱均为肉酱，有鹿肉酱、兔肉酱、羊肉酱、鱼肉酱等。凡是祭祀神祇、供祭宗庙时，用肉酱来装盘。宴请宾客、会见百官时，用肉酱和醋来调和羹肴。

九寺第三是卫尉寺。卫尉寺主要负责国家各类器械、文物的相关政令，设置卿一人，正三品；少卿二人，从四品上，统领武库、武器、守宫三个官署。全国各地的兵器运入京城，都要负责登记其名称种类和数目并加以收藏。凡遇到国家大祭祀、大朝会则要负责提供羽仪、节钺、金鼓、帷帐、铺地茵席等应用器物。供给宿卫宫禁的各种装备，每年必须检查两次，发现有损坏或不能使用的，则移交少府监和京城防卫部门负责修理。

武库署负责收藏保管全国的兵器和仪仗器械，分清其种类和名称数目，以供国家调用。在前面的章节中我们提到了唐刀四制，军备当然不可能只有刀具这么简单。唐代军备在刀具之外，还有三种军鼓，分别是铜鼓、战鼓和铙鼓。古代战争之中有“金”这种器具，我们经常在古装影视剧中听到“闻鼓而进，鸣金则退”的说法。唐代金分为錞、镯、铙、铎四种。在战争中，“击鼓以进之，击金以止之”。弓的形制有四种，分别是长弓、角弓、稍弓、格弓。长弓是步兵使用的，射程较远，用来抛射；角弓是骑兵使用的，用动物筋和角制成，所以称为角弓；稍弓也就是短弓，步兵用来近距离平射；格弓用彩色羽毛装饰，是仪仗队使用的。弩的形制有七种，分别是擘张弩、角弓弩、木单弩、大木单弩、竹竿弩、大竹竿弩和伏远弩。擘张弩也就是用双臂撑开的弩，秦汉时还有一种手脚并用来张开的“蹶张弩”。角弓弩和角弓一样，是骑兵使用的。木单弩、大木单弩、竹竿弩、大竹竿弩和伏远弩等威力强大，单兵无法使用，是大规模兵团使用的大型弩机。箭的形制有竹箭、木箭、兵箭、弩箭四种。竹箭以竹为杆，因为竹子韧性好，使用效果上佳，而且价格便宜，就成了一种通用的箭。木箭以木为杆，韧性逊于竹箭，只是在射猎的时候使用。兵箭以钢为箭镞，镞身狭长，用来破甲。弩箭则是弩的专用箭。铠甲的形制有十三种，分别是明光甲、光要甲、细鳞甲、山文甲、乌锤甲、白布甲、皁绢甲、布背甲、步兵甲、皮甲、木甲、锁子甲和马甲。其中明光、光要、细鳞、山文、乌锤、锁子这几种甲都是用金属制成，尤其是明光甲，前胸、后背各有一整块犹如明镜的板甲，闪闪发亮，因此得名。但是在战场上，穿着如此豪华铠甲的将领还是比较少的。原因无他，太过显眼容易被敌人重点进攻而已。在这些军备之外，还有三十二种旗帜、五种战袍等军备。

相对于武库署掌管战争用的武器来说，武器署则负责外用武器（祭祀用武器），分清各种名称，计划出入。凡是大祭祀、大朝会、大驾巡视出行，则从武库领取，供给仪仗队使用。如果王公、百官拜官任职及婚、葬等礼依照制度供给仪仗队，三品以上官吏符合列符戟仪仗条件的，都由武器署负责供给。在古代，有许多武器要么因为实战效果不佳，要么造价过于高昂而无法大规模普及，就变成了仪仗队专用的礼器。比如钺、戟等大型兵器。

守宫署负责国家帐幕供应的种类，分清名称类别，计划出入。凡是大祭祀、大朝会、大驾巡视外出，负责在正南门外设置王公和百官的位置。吏部、礼部、兵部、考功各部举试贡人，负责提供帐幕。如果王公举行婚礼，也由守宫署负责供给帐幕器具。

九寺第四是宗正寺。宗正寺恐怕是九寺之中结构最为简单的一个寺了，设置有卿一人，从三品；少卿二人，从四品上，下属仅有崇玄署这一个官署。宗正寺是负责管理皇家九族、六亲谱册的部门，分别昭穆的次序。宗正卿，一般都是由宗室中最有名望的人来担任。唐代的宗室人口数量相当庞大，若不善加管理，就会成为社会的不稳定因素。如果有宗室犯罪，这时候不是先报送官府，而是先报告至宗正寺。等到宗正卿进行裁决之后，才送到官府。

崇玄署负责掌管两京道观的名称和数目、道士的度牒名册以及各种斋戒道场相关的事务。

九寺第五是太仆寺。在九寺之中，太仆寺算是一个相当复杂的部门。太仆寺主要负责皇帝车辆马匹的政令，下设乘黄、典厩、典牧、车府四署，另外还设置有上牧、中牧、下牧、沙苑等诸监。太仆寺设置卿一人，从三品；少卿二人，从四品上。太仆寺负责掌管国家的车辆、马匹及牧场的政令。在国家大礼、皇帝大驾出巡的时候，由太仆寺来负责供应五辂及所属的各种车辆。另外，太仆寺还需要审理属下所有监、牧所管理的羊、马账册，并负责呈报尚书驾部。在四季的各个仲月（每季第二个月份），还需要负责祭祀马祖、马步、先牧、马社等神灵。

乘黄署的名称“乘黄”，原本是传说中的一种神兽。《山海经·海外西经》中说“白民之国在龙鱼北，白身披发。有乘黄，其状如狐，其背上有角，乘之寿二千岁”，我们所说的“飞黄腾达”中的“飞黄”，其实也是它。乘黄作为古代传说中的一种神兽、瑞兽，被后世看作马的代表。乘黄署的执掌与马相关，负责管理天子使用的车辆、马匹，并且需要训练马匹和驭手的驾驶技术等。唐代天子所乘的车辆有“五辂”的区别。所谓的五辂，就是五种不同形制的车。五辂原本是以车辆的材质进行区分的，《周礼》中认为五辂是玉、金、象、革、木五种材质制成的。到北魏时，五辂变化为以颜色进行区分。北周兼有以材质区分的五辂和以颜色区分的五辂，将车驾分为苍辂、青辂、朱辂、黄辂、白辂、玄辂、玉辂、碧辂、金辂、象辂、革辂、木辂十二种。隋朝时认为北魏、北周的车舆制度并非古来就有的，也就是不够典雅，于是恢复了《周礼》中描述的五辂制度。唐代继承了隋的制度，并详细规定了五辂使用的场合。祭祀、纳后时乘坐玉辂；宴会、射礼、郊祭回朝、会盟后到宗庙庆贺等场合乘坐金辂；普通的行路时乘坐象辂；巡视狩猎、军事行动时乘坐革辂；耕田（亲农时象征性地挥舞两下锄头）、打猎时乘坐木辂。

天子出巡，车队里只有天子自己这一辆车当然不像话，而且也会有人效仿博浪之椎。出于安全考虑，自从张良刺杀秦始皇之后，天子都会设置副车，来组成一支庞大的车队。车队中当先的是指南车（指南车在我国很早的时候就已经被发明了，但发明者一直不详，有说黄帝发明的，也有说周公发明的），然后是记里鼓车（计算里程的车，共有两层，每层都有一个小人。每走一里，下层小人击鼓；每走十里，上层小人击镯），接下来是白鹭车、鸾旗车、辟恶车、皮轩车、耕根车、安车、四望车、羊车、黄钺车、豹尾车等，共有十二种。原本依据秦制，副车多至八十一辆。按照汉朝的制度，大驾八十一辆，法驾三十六辆，小驾十二辆。隋朝时文帝认为过于烦琐，所以规定大驾三十六辆，法驾十二辆，小驾干脆不用副车。唐代在此基础上进一步省略，只有十二种。

典厩署负责饲养马牛、饲养杂畜等政事。象给二男丁（两个成年男性照顾一头象），一匹细马给一丁，两匹中马给一丁，三匹驽马给一丁，骆驼、牛、骡各四匹给一丁，驴及纯毛色牲犊六头给一丁，二十头羊给一丁，哺乳幼驹、幼犊每十头给一丁。象每天供给草料六围（周长三尺称为一围，也就是每天供给草料的数量），马、骆驼、牛每天供给一围，十一头羊每天供给一围草料。除了草料之外，还要每天供应稻谷、大豆、盐等进行喂养。

车府署也是掌管车舆的部门，但与乘黄署不同。乘黄署掌管的是专供皇帝皇后的车舆，而车府署则掌管供给王公以下大臣的车舆。皇帝皇后专用的车舆是玉辂和金辂，这是王公以下大臣所不能乘坐的，否则就是僭越。这些大臣能够乘坐的车舆有四种，分别是象辂、革辂、木辂和轺车，且有严格的身份规定。凡是在春、秋两季谒拜皇陵、册命王公、职事官四品以上的官员拜官任职、正月及冬月大朝会、结婚或葬礼以及奉命出使等，按照官员的品俸供给车辂。亲王可以乘坐象辂，三品以上官员可以乘坐革辂，五品以上官员可以乘坐木辂，京县的县令（长安县、万年县）可以乘坐轺车。

上牧、中牧、下牧三个牧监，掌管牧养、繁殖、课征赋税的政务。所谓的上、中、下，是以蓄养的马匹数量来定的。马的数量超过五千匹为上监，数量在三千匹以上、五千匹以下为中监，三千匹以下为下监。每年年终，按照马匹繁殖的速度，对马监一年的工作进行考核。

沙苑监和典牧署虽然也是蓄养牲畜的官署，但是牲畜的用途与其他官署不同。沙苑监掌管陇右道各牧的牛、羊放牧饲养，负责供给国家宴会、祭礼和尚食局所需，每年和典牧署分月负责供应。这两个官署的区别在于饲养地点，沙苑监负责陇右道地区（牧养牲畜最多的区域）牲畜的饲养，而典牧署则负责陇右道以外全国地区的牲畜饲养。

九寺第六为大理寺。大理寺是一个在影视剧中出镜率极高的部门，狄仁杰就曾经在大理寺任职。大理寺的职责，是与刑部一起执掌国家的律法。但是，相比于刑部的笼统来说，大理寺的职责就相当具体了。大理寺设置卿一人，从三品；少卿二人，从四品上，没有从属官署。大理寺的职责是掌管国家的断狱审刑等事务，也就是说，大理寺是一个具体的司法部门，相当于我们今天的最高人民法院，而刑部则是一个行政部门。

大理寺卿，源于秦汉时期九卿之一的廷尉。西汉景帝时期，首次将廷尉寺更名为大理寺。“大理”这个名号源于星象。在战国时期成书的《甘石星经》中说：“大理二星，在宫门内，主刑狱事也。”《韩非子》里面也说：“理，治狱官也。有虞氏曰士，夏曰大理，周曰大司寇。”这也就是大理寺这个官署名称的由来。从两汉至魏晋，大理寺的名称经过了多次的反复，最终在北齐至隋朝确定下来。

大理寺在接到报案或者上级命令的时候，首先将嫌疑人逮捕问事，六名大理丞商讨后将初步判决结果交予大理正，大理正进行判定后交予大理少卿或者大理卿审核。罪名小则进行相应的处罚，罪名大则由大理卿上报刑部进行商讨，最后大理录事记录过程和结果并存档。每当遇到审理重大案件的时候，大理寺、御史台、刑部会组成三司，这三个机关的首长联席审讯，称为大三司，也就是大理寺卿会同刑部尚书、御史中丞共同审理，叫“大三司”，也称为“三堂会审”。若由大理司直或评事、御史、刑部郎官联席会审，则称为小三司，也就是大理寺司直、御史台御史和刑部郎官联席会审，就叫“小三司”。

九寺第七为鸿胪寺。鸿胪寺设置卿一人，从三品；少卿二人，从四品上，下属设置典客、司仪两个官署。鸿胪寺主要掌管国家来访的藩属国和凶礼相关的事务。凡是四方外族外邦的君长朝见皇帝，负责分辨其等级和职位，以宾客之礼接待。凡属二王后及外族外邦君长之子继承官爵位的，则负责分辨嫡庶关系，审查其可否继承，并将其意见呈交尚书省。若对各外族外邦的大首领有册封，则带册封文书而前往其国进行宣布。另外，全国佛寺道观的住持及京都的大德高僧，也由鸿胪寺负责选取道德高妙、为众人所推崇的人充任，然后呈报尚书省祠部。凡是皇帝、皇太子为五服内亲及大臣发哀吊唁，由鸿胪寺负责担任傧相。凡是皇帝诏命主持大臣丧葬，一品官员由鸿寺卿负责护其葬事，二品由少卿往护，以表示国家礼制。

典客署掌管二王之后代（把他们封为介公和酅公）的名册档案，掌管“东夷、西戎、南蛮、北狄”四方邻邦归附中央的名籍数目。凡是外邦朝贡、宴会、送迎等务，典客令负责分别各位的等级并负责接待等职。凡是各邦之首领朝见皇帝，典客令负责在宾馆以礼接待。也就是说，典客署是专门负责接待外宾的官署。如果宾客在入朝时生病，由典客署当即派遣医生进行治疗。如果主使、副使和第三等以上的宾客死亡，典客署要立即奏报皇帝。其丧事所需费用器物，由典客署依制酌情供给；如想回自己的邦国，则提供车舆礼送回国。

司仪署掌管凶礼的仪式及负责供给丧葬的各种器具。凶礼是古代礼仪制度中非常重要的一环，其中的许多制度一直沿用到今天。凶礼的范畴相当广泛，不仅包括了丧葬的丧礼，还有荒礼、吊礼、襘礼、恤礼，等等。其中荒礼是在国内发生自然灾害，诸如饥荒、瘟疫等变故，国家所应采取的救灾措施；吊礼是对遭受水旱灾害、地震、日食、月食等灾害地区表示哀吊和慰问，在这个时候往往会举行祈禳活动，以求除祟去祸；襘礼是盟国遭受侵略或动乱造成重大损失时，与之结盟的国家要派出使臣，筹集物资去救助；恤礼是对遭受不幸的国家表示慰问、抚恤。由于凶礼之中的丧礼尤其重要，有时也以凶礼来特指丧礼。

我们国家从非常早的时代，就开始重视丧葬，甚至在先秦时期提出了“事死如事生”的概念。正是由于这种理念，所以古代陪葬物品非常的丰富。出于对死者的尊重，发展出了一套极其复杂的丧葬仪式。在古代，不同身份的人去世都有不同的称呼。根据《礼记》的记载，天子去世称为崩（也有称为殂的），诸侯去世称为薨，大夫去世称为卒，士去世称为不禄，庶人去世才称为死。丧葬时，也会根据送葬亲属的服色来区分亲疏远近关系，也就是著名的五服制度（斩衰、齐衰、大功、小功、缌麻），这也是我们今天依然能看到的“披麻戴孝”。

在丧仪之外，中国人还习惯对一个人一生的功过进行一个整体的评价。这就涉及到了给谥制度和墓志的写作。给谥制度，也就是用一两个字来对一个人的生平功过做一个评价。古代谥号可以分为皇帝谥号和大臣谥号两种，比如唐太宗李世民，我们一般称呼的“太宗”是庙号，他的谥号是“文”，所以庙号谥号全称是“太宗文皇帝”。就是在唐朝时期，为了彰显皇帝上承天命的特殊性，所以经过了多次的谥号加字。到了玄宗李隆基在位时期，李世民的谥号已经由“文”变成了“文武大圣大广孝”了。至于大臣的谥号，原本在先秦至秦汉时期对大臣的得谥执行得相当严格，遵从“有爵方有谥”的原则。但是在魏晋南北朝时期，得谥的官员越来越多，也就打破了这个原则。原本因为得谥的官员比较少，单字谥号就完全够用了。但是后来得谥的人太多，谥号总有重复的时候，也就从原本的单字谥号（单谥）变成了双字乃至多字谥号（复谥）。比如为我们所熟悉的、小说影视剧中出现的李勣（徐茂公），谥号是贞武，所以我们可以在位于陕西省咸阳市礼泉县的李勣墓神道碑上看到“大唐故司空、上柱国、赠太尉、英（国）贞武公碑”的字样。

九寺第八是司农寺。司农寺设置卿一人，从三品；少卿二人，从四品上，下属设置上林、太仓、钩盾、导官四个署和诸仓监、司竹监、温泉汤监、苑总监、苑四面监、诸屯监、九成宫等诸监。司农寺负责国家仓储存积的相关政令，遵照规定供给京师、东都各官署官吏的俸米等物。凡是朝会、祭祀、皇帝御用和众官吏的常料，由司农寺负责统领各署、各监统调各所储的物品供应。正月的吉亥日皇帝举行籍田之礼，祭祀先农，司农卿负责奉进耕地翻土的工具耒耜。全国的田赋及庸调折交的钱财运进京师与东都，由司农寺负责检阅收纳。每年负责从东都向京师转运一百万石租米，以供百官俸料和各司所需。如果皇帝驾幸东都，则酌量减免。受纳租米，则在输入场所用筹码和仓官、租纲吏人核对函数。按大函每函五斛、次函每函三斛、小函每函一斛进行计算。各州应运送给京师、东都的谷物秸秆，由司农寺检阅收纳，供给御马厩饲养的马匹食用。朝会、祭祀所需的米物柴草，也由司农寺及时供给。

上林署掌管皇室苑囿、园池相关的事务。苑内种植果树蔬菜，供应朝会、祭祀之用，按照规定的不同数额进贡御用及供应各司的日常所需。另外，上林署还要在每年的冬末到一月藏储冰块，于立春的前一日收藏于冰井。

太仓署掌管九谷库藏之事。凡是凿窖、建库，都要刻砖记载露天仓库所贮的粮数以及存粮的年月日、负责官吏的姓名。另外还需要制作牌证，所记内容需要与砖刻一致。发给公粮，要凭尚书省的符证。成年男性每日供给米二升、盐二勺五撮。妻、妾、老年男性、未成年男童则酌情减量。如果是没有官供及现负差使的老年男性、未成年男童，再加上国子监的学生、针生、医生，也按成年男性发给。

钩盾署负责供给国家机关柴炭的事务。凡是国家祭礼、朝会，宴请宾客，按照不同的标准即时供给。如果是京城官员的话，五品以上的官员每人每天供给烧炭二斤。每年从市场买进木柴十六万根，交付钩盾署。如不够用，则以园内木柴补充。京兆、岐州、陇州每年招募丁男七千人，每人制作运送木柴八十，在春、秋二季送交。如果皇帝驾临东都，则在河南各县市场收购木柴。

导官署负责供应皇帝所用的米麦相关的事务。所有九谷粮食，有的需制作熟食干粮，有的需发酵做酒，有的需制作成面粉，都要按照其不同精粗程度、损耗数量不同，依制供应。

太原、永丰、龙门等各个粮仓，负责其管辖的粮仓粮窖储粮的相关事务。凡是发给粟米，要尽一库或一窖发完，将库余附录在案，根据用粟的事由进行征补库缺。无正当理由而库缺超过规定的话，就会对相关人员予以追究，责令赔偿。所有收入支出的账目，在每年年终时呈送司农寺。

九寺第九是太府寺。太府寺是中央重要的财务出纳机构，主管全国送京赋税之物和折租之物以及贡物的收纳、贮存、保管与出给事宜，并掌握着全国送京贡赋钱物的收支、结余数据，能直接反映中央财政的收支情况，有助于当政者了解当时的经济形势和国力盛衰，及时制定相应的有效且有针对性的经济政策。唐代太府寺设置卿一人，从三品；少卿二人，从四品上，下设两京四市、平准、左右藏、常平共计八个官署。

太府所使用的平衡物价方法，一是度量，二是权衡，以此来平抑物价，杜绝大斗进、小斗出的现象。所谓的度，就是分、寸、尺、丈；量就是合、升、斗、斛；权就是重，也就是秤砣；衡就是称。唐代将金银之类称为宝，钱帛之类称为货。计量单位，绢论匹，布论端，绵论屯，丝论绚，麻论綟，金银论铤，钱论贯。各地的贡赋、官员的薪俸钱粮，出纳务求严谨，收支依法节制。绢、布因产地不同、产品的精细程度不同，将绢分八等、布分为九等，以此来互通有无，调节利用。

凡是供祭昊天上帝用的币帛用苍色（青绿色），供祭配享的其他天帝也使用同样的颜色；供祭地神用黄色，供祭配享的其他地神也使用同色。祭祀日神用青色，祭月用白色，祭神州用黄色，祭太社、太稷用玄色，后稷同用玄色。祭先农用青色，祭先蚕用玄色，蜡祭神农用赤色，蜡祭伊祁氏（帝尧的部族）用玄色。祭祀五方帝、五帝、五官、内官、中官、外官、五星、二十八宿及众星、岳、镇、海、渎、山、林、川、泽、丘、陵、坟、衍等使用的币帛都用它们各自的方色。祈告宗庙和孔子、姜太公全用白色。所用的币帛一律长一丈八尺。

两京诸市署的职责是掌管百姓众族买卖交易相关的事务，负责检验上市物品的质量是否达到标准、是否适合时令，并在陈列时加以区分。凡是弓箭、长刀等带有一定危险性的物品，由官府定出规格，题明工人的姓名，然后听任百姓买卖。用伪劣之物品交易者，没收入官；短斤少两的，退还货主。如果有垄断货品、囤积居奇及其他扰乱市场的行为出现，由诸市署来负责禁止。

平准署负责供应官府的物品及市场交易的相关事务。凡是各官署没有用场的货物，都可以拿来出售。由官府罚没收来的、官府不需用的物品也可以进行出售，有点像今天的法拍。

左藏署负责掌管国家仓库。凡是交给国家的税调之物，先在货场查验，符合尺度斤两的，由卿和御史监审查阅，然后收纳入库，标出缴纳的州、县名称和年月时间，用来辨别精粗，识别新旧。凡是支出物品，先勘验木契，然后记录名称、数目、提请人的姓名，签名盖章后送到监门，方可出库。如果供给宫外，还要用黑印印封。所有库藏院内，一律禁止烟火和闲杂人无故入内。院内派人执仗防卫、守护仓库，晚上打更巡察警戒。右藏署则掌管国家金玉珠宝，贮藏四方进贡的金玉、珠宝、玩物等。

常平署负责掌管平抑粮价和仓储的事务。若是丰收年景，谷价低贱，百姓有余粮，这时就大量买入；遇到灾荒年景的时候，谷价腾贵，就将库存卖出，以此平抑物价。

## 二、五监

唐代在九寺之外，还设置了五监，是为国子监、少府监、将作监、军器监、都水监。“监”这个字始见于商周时期的金文和甲骨文，西周时期的金文字形，描绘的是一个人俯身低头面对盛水的器皿审视自己，于是由此引申出监察、监督的意思。到了战国时期，《商君书》中说，“今恃多官众吏，官立丞、监”，于是将“监”这个字引申为具有一定监察意味的官署。唐代的五监与九寺相同，都是主管具体事务的中央机关部门。

五监第一是国子监，也就是唐代的最高学府兼管理机构。目前所能见到的各种研究，均不约而同地将晋武帝咸宁四年（278）五月设置国子学一事作为国子监系统的来源。但是，这只能作为“国子”这个名称的来源，而不是具有教育及管理教育职能的相关官署设置的来源。西汉董仲舒说，“五帝名大学曰成均”；《礼记》说，“天子命之教，然后为学。小学在公宫南之左，大学在郊。天子曰辟雍，诸侯曰泮宫”。也就是说，按照两汉时人们的观点，早在五帝时期国家就已经开始设置类似大学的机构，此后夏、商、周延续了这种做法，只是名称有所不同而已。而在古汉语之中，“大”与“太”两字是互通的，所以《大戴礼记》中说“帝入太学，承师问道”，这个太学和大学其实就是同一回事。因此，在西汉时期，汉武帝在罢黜百家独尊儒术之后，采纳了董仲舒的建议，在长安开设太学，设置五经博士，又逐步增设课程，讲解《易经》《诗经》《尚书》《礼记》《公羊传》《穀梁传》《左传》《周官》《尔雅》等课程。既然与唐代国子监具有类似的职能，作为国家储备人才、教育人才的机构，两汉太学才应被看作国子监系统的来源。

在晋武帝咸宁四年（278）五月，下诏设立国子学。到了隋文帝初年，基于弘扬儒学、推行教化以及广开进仕之路的考虑，针对国子学生多而不精的情况进行了精简。开皇十三年（593），国子系统脱离了太常寺，成为独立的系统。隋炀帝即位后，将“国子寺”改为“国子监”，并为唐代所承袭。唐代国子监的名称有过多次的变化，高祖武德初年为国子学，太宗贞观元年（627）改为国子监，高宗龙朔二年（662）改为司成馆，咸亨元年（670）复名为国子监，武后光宅元年（684）改名成均监，神龙元年（705）又恢复国子监这一名称。

唐代国子监设置祭酒一人，从三品；司业二人，从四品下，另外设置国子、太学、四门、律学、书学、算学六种学科。国子监祭酒和司业，作为国家教育机关的正副领导，主要掌管国家儒学训导及祭祀的政令。每年二月和八月上旬的第四天，负责以释奠礼来祭祀文宣王（即孔子），以颜回配享，以孔门七十二弟子和先儒二十二贤从祀。唐代对孔子进行的祭祀，有几项重大的建树。首先，在唐朝之前，国家以周公为先圣，孔子为先师。唐代建立之后，在唐太宗贞观二年（628）十二月停止祭祀周公，将孔子定为先圣，以颜回进行配享，并且以孔门十哲及先儒二十二贤从祀。所谓的孔门十哲，就是颜子、子骞、伯牛、仲弓、子有、子贡、子路、子我、子游、子夏等孔子的弟子；所谓的先儒二十二贤，是唐太宗于贞观二十一年（647）二月十五日［《唐会要》中说这个时间是贞观三十一年（657），但贞观一共只有二十三年，因此《唐会要》中的记载有误］下诏，以左丘明、卜子夏、公羊高、谷梁赤、伏胜、高堂生、戴圣、毛苌、孔安国、刘向、郑众、杜子春、马融、卢植、郑康成、服子慎、何休、王肃、王辅嗣、杜元凯、范宁、贾逵为二十二贤，在“有事于太学”时，配享尼父（孔子）庙堂。值得注意的是，孔门十哲与二十二贤者是同时配享孔庙的，却有子夏一人同时进入了十哲和二十二贤者。另外，国家有文庙祭祀，自然也就会有相对应的武庙祭祀。武庙以武成王姜子牙为主祭，张良为配享，同样还有武庙十哲和历代名将作为从祀。在唐代，还有一人同时进入了文庙和武庙被双重祭祀，此人就是杜预（字元凯）。在祭祀孔子时，使用三牲太牢，唱“登歌”，奏轩县之乐，跳六佾之舞。如果与国家大祭祀的时间产生了冲突，就改在中旬第四天举行。在祭祀孔子时，以祭酒为初献，司业为亚献，国子博士为终献。如果皇太子参加祭祀的话，那么由祭酒来主持礼仪，并且担任亚献。

国子监教授的内容，自然是以儒家经典为主。唐代官方厘定的，是《周易》《尚书》《周礼》《仪礼》《礼记》《毛诗》《春秋左氏传》《公羊传》《穀梁传》等儒家经典，另外还可以兼修《孝经》《论语》和《老子》。所谓的“经”，其实是指书的最初形态。所以除了《乐》失传之外，“经”指的就是《诗》《书》《礼》《易》《春秋》五经。因为古人的“微言大义”，用极少的字表示极多的内容（其实是因为先秦时期没有纸张，帛书又太贵，甚至竹简都是战国之后才被广泛使用的），所以后人只看经是完全看不懂的，所以需要对经进行解释，这种解释叫作“传”。比如对《春秋》经的解释，也就是《春秋左氏传》《春秋公羊传》《春秋穀梁传》。因此三国演义中关羽捧着一卷《春秋》，如果他读的是《春秋》经，那么绝对是看不懂的。若真的会读《春秋》的话，那么他读的大概率应该是《公羊传》。由于汉朝成书的各种传使用的文字过于渊深，后人对传也看不懂了，于是就对传做出进一步的解释，也就是“注”。后人又觉得注也难以理解，于是再次对注进行解释，就叫作“疏”。到了唐朝，历朝历代的经学家对经文做出的注解相当的繁多，各有各的理解。所以在官方背景的国子监中，授课必然会使用官方厘定的教材。这些教材有：郑玄、王弼注的《周易》；孔安国、郑玄注的《尚书》；郑玄注的“三礼”和《毛诗》；服虔、杜预注的《左传》；何休注的《公羊传》；范甯注的《穀梁传》；郑玄、何晏注的《论语》；开元年间唐玄宗李隆基御注的《孝经》和《老子》等。由此可见，郑玄（字康成）进入文庙被祭祀，实在是当之无愧。另外，国子监祭酒和司业还要负责学生的学业考核，在每年年终，检查考核学官们各自训导学生功课的实绩，来分出优劣。

另外，唐代的国子监虽说设置了国子、太学、四门、律学、书学、算学等六种学科，但学生进入哪一个学科进行学习，是有身份的要求的。比如国子学，只有文武官三品以上和国公的子孙、从二品以上官员的曾孙才能入学。国子学把经学分为五个专业，即《周礼》《仪礼》《礼记》《毛诗》《春秋左氏传》。每个专业各六十人，专考一经，兼习其余经典。修习经学，也有完成学业的时间要求。学习《孝经》《论语》，限一年完成学业；学习《尚书》《公羊传》《穀梁传》，限一年半完成学业。学习《周易》《毛诗》《周礼》《仪礼》，限时两年；《礼记》《左氏春秋》，限时三年完成学业。各种经典，学习的难易程度是不可同日而语的。以《春秋》三传为例，《左传》主要反映政治和军事方面的事件和人物，对于各国之间的关系和对峙等有着深刻的描绘。由于《左传》非常注重叙述历史事件的细节和情节，所以叙事较为烦琐。而《公羊传》注重阐明孔子的政治思想和道德观念，同时体现了作者公羊高对于历史事件的个人解读和评价，《穀梁传》则着重宣扬儒家思想，尤其着重于礼义教化和宗法情谊的部分。而这样的特点，也是由《春秋》三传的性质所决定的。《左传》是古文经学的典型代表，而《公羊传》和《穀梁传》则是今文经学的典型代表。学术思想的侧重点不同，也就使《左传》的体量要比《公羊传》和《穀梁传》大得多，自然就需要更多的时间进行学习。

在国子学之外，太学、四门学与国子学所使用的教材完全一致，只是有入学身份上的要求这一点区别而已。太学招收的对象是文武官五品以上及郡公、县公的子孙，从三品官员的曾孙；四门学招收的对象是文武官七品以上官员及侯、伯、子、男爵之子，以及庶民百姓出身的俊士。

国子、太学、四门三科都是学习经学，只是有招生身份的区别而已。真正可以与这三科分开的，是律学、书学和算学。律学以唐代律、令为专业，书学以《石经》《说文》《字林》为专业，算学以《九章》《海岛》《孙子》《五曹》《张丘建》《夏侯阳》《周髀》《缀术》《缉古》等为专业，招收的都是八品以下文武官员之子及庶民百姓出身者。

五监第二为少府监。少府这个官署的来源可以说相当久远，在战国时期就有国家开始设置。秦至两汉时期，少府作为九卿之一，与大司农（太府）并列，共同掌管国家的财政。少府与太府的区别在于，少府主要是皇室管理私财和生活事务的一个职能部门，而太府则掌管国家的财政支出，是管理中央财政的职能部门。

唐代的少府监设置监一人，从三品；少监二人，从四品下。另外设置中尚、左尚、右尚、织染、掌冶五个官署。少府监的职责是掌管百工相关的政令，另外负责供应皇帝的服饰车马，官吏的礼仪用器以及陈列所需的各种物品。从少府的职责来看，这个部门与太府最大的区别是，太府主管全国赋税的收入和支出，而少府专管皇家的经济来源与支出。

中尚署主管供应郊祭的玉器，及每年四时的乘车、器玩物品、中宫用的服饰、雕刻文彩珍丽的用器制品，等等。古代祭祀使用的玉器，有圭、璋、璧、璜、琮等样式。圭是尖端呈三角形或梯形，下部长方形的玉器，据说来源于新石器时代的石斧或石铲。这种玉器在礼器化之后产生了多种变化，其中之一是成了大臣上朝时手里拿的“笏板”。笏板一般由玉、象牙或者竹片制成，我们在古装影视剧中经常能看到它。凡是大臣上朝奏事时就会拿着它，在需要记录事情的时候还会在上面写字。另外，在大臣偶尔因为各种原因而撸起袖子打架时，因为这个东西顺手，还会拿它当武器。另外一种变化，是成了我们所见到的石碑的原始形态。最初的石碑，是因为先秦时期墓穴非常深，所以需要在墓穴四角立石柱，上方有孔，通过这个孔洞将棺椁吊入墓穴。这个石柱，最初就是模仿了圭的形状。上面的孔，叫作碑穿。到了汉代以后，由于墓葬逐渐变浅，所以就不再需要圭形穿孔的石碑了，也就出现了圆头的石碑。但是圭首碑并没有完全消失，而是与圆首碑并存，一直保留到了后世。璋这种玉器和圭的形状差不多，但是比圭要小。所以《说文解字》中解释“璋”说“半圭为璋”。璧是一种圆环状的玉器，中间有孔。《尔雅》中说“肉倍好谓之璧”，肉就是指玉器的边，好就是指孔。也就是说璧边的半径是孔半径的两倍，这样才叫璧。把一整块玉璧从中间切开，也就得到了两个“璜”，也就是说璜是璧的一半。《说文解字》中说

“璜，半璧也”。琮则是类似于手镯的环状玉器，不过比手镯要宽得多，像是水杯只有杯沿却没有杯底的部分。这些玉器，都是用来祭祀使用的。

左尚署主管供应皇帝的五辂、五副、七辇、三舆、十二车以及大小方圆华盖共计一百五十六顶，众多的翟尾扇和大小伞翰，分辨它们的名称数量等。凡是皇太后、皇后、内命妇的重翟、猒翟、翟车、安车、四望车、金根车，皇太子的金辂、轺车、四望车，王公以下的象辂、革辂、木辂、轺车，公主、王妃、外命妇一品的猒翟车，二品、三品官员的犊车，均有不同的制度。左尚署就负责供应制作它们所用的金帛、胶漆、材竹等材料。

右尚署主管供应皇帝使用御马的鞍辔、辔头等马具及帐幕，凡是刀剑、斧、甲胄、纸笔、茵席、鞋靴等物品所用的绫绢、金铁、毛革等物，也由右尚署监督产地按时供送。

织染署负责供应皇帝、皇太子以及大臣的冠冕。唐代皇帝的冠有两种，一是通天冠，二是翼善冠；冕有六种，分别是大裘冕、衮冕、鷩冕、毳冕、絺冕、玄冕；弁有两种，一是武弁，二是皮弁；帻有两种，一是黑介帻，二是平巾帻；帽有一种，称为白纱帽。皇太子冠有三种，一是三梁冠，二是远游冠，三是进德冠；冕有两种，一是衮冕，二是玄冕；弁有一种，称为皮弁；帻有一种，称为平巾帻。官员的冠有五种，一是远游冠，二是进贤冠，三是獬豸冠，四是高山冠，五是却非冠；冕有五种，一是衮冕，二是鷩冕，三是毳冕，四是絺冕，五是玄冕；弁有两种，一是爵弁，二是武弁；帻有三种，一是介帻，二是平巾帻，三是平巾绿帻。

掌冶署负责冶炼金银铜铁器物的事务，在出产金、银、铜、铁的州郡设置冶监，来专供少府制作金属器物。到了唐中后期，这项职权就划分到了文思院。在20世纪80年代，陕西宝鸡法门寺由于渗水出现了断裂，于是有关部门主持重修。在重修过程中，发现了震惊考古界的法门寺地宫。在法门寺地宫所出土的大量文物中，除了佛骨舍利之外，还发现了铸有“文思院”字样的大量金银铜器。我国矿藏的金银并不多，所以在元明时期大量的国际贸易展开之前，是以铜为铸造钱币的基本材料的。也就是说，掌握了铜矿，也就掌握了铸币权。所以说，掌冶署的重要之处就在于，这个官署是整个皇家的钱袋子。

五监第三是军器监。在唐代时，中国军队无论装备、素质、士气还是将帅能力都达到了冷兵器时代的一个高峰。当时唐军野战常用的阵形之一是“锋矢阵”，冲在最前面的是手执陌刀、勇猛无畏的重装步兵，接着是步、骑兵突击，后列则有弓弩手仰射，直到完全击溃对方。陌刀的攻击力极为可怕，列阵时“如墙而进”，肉搏时威力不减。骑兵方面则是轻重骑兵结合，一般使用马槊和横刀。唐开元年间，“军中初用陌刀”。唐代军中有陌刀队，并设有陌刀将。张兴守饶阳时，“持陌刀重五十斤”守城，往往“一举刀辄数人死”。能够达到这种冷兵器时代的巅峰，固然是大唐强盛的国力所致，也是离不开军器监的铸造与管理的。唐代军器监设置监一人，正四品上；少监一人，正五品上，主要负责缮造铠甲、弓弩之类兵器的职责，并按照法定制度，将各种军器分别种类，按时交付武库。下设弩坊署和甲坊署，另外还在出产铜矿的各州设置了钱监。

弩坊署和甲坊署的职责是对自己官署所负责的军器进行监督缮造，并且分别优劣上交武库。钱监与少府所管辖的冶监不同，冶监是负责制造器物，而钱监则是负责铸币。

在唐朝建立之初，还没有建立自己的货币体系，于是沿用隋代旧钱。在唐高祖武德四年（621），开始铸造开元通宝钱。在中国货币史上，开元通宝恐怕是意义最为重大的货币了。贯穿整个唐朝，一直在铸造开元通宝钱。而且由于唐代国力强盛，周边国家无不以说唐言、写汉字、使用唐钱为风尚，因此在许多国家都大量出土过开元通宝钱。铸造开元通宝钱的意义远不止于此，它结束了秦汉以来半两、五铢钱的时代，建立了通宝钱体制，在货币铸行政策上废除了“重如其文”的概念。开元通宝的币文、重量和形制成为后代铸钱的规范，一直沿用到清晚期甚至民国初年，直接影响到邻近国家如日本、朝鲜、安南等国。其次，开元通宝钱径八分，重二铢四参（十黍为一参），积十钱重一两，一千文重六斤四两，对中国衡制有重大改革，秦统一度量衡后，以一两为二十四铢。唐以开元通宝钱的十枚钱重为一两，使我国衡制改变为一两重十钱，并沿用到近现代。

在唐高宗乾封元年（666）五月，曾经另铸乾封泉宝钱，直径一寸，重二铢六分，一枚当十枚旧钱。次年正月，因货币改革后商贾不通，米价、帛价上涨，高宗罢乾封泉宝，令所司贮纳，天下置炉处仍铸开元通宝钱。乾封二年（667）复行开元通宝钱后，私铸之风大盛。起初，政府仍采取严禁，针对在舟筏中私铸的情况，规定逮捕船中有百斤以上铜、锡者，又多次收缴恶钱（私铸质量糟糕的钱）。因为乾封泉宝存世量比较稀少，所以目前在古钱币市场上价格居高不下。

五监第四是将作监。将作监设置将作大匠一人，从三品；少匠二人，从四品下，下设左校署、右校署、中校署、甄官署四个官署及百工、就谷、库谷、斜谷、太阴、伊阳等监，掌管修建宫室、宗庙、陵寝及其他土木工程相关的政令。将作大匠这个官职设置时间相当久远，在战国时就已经可以看到。从秦汉至隋唐，将作监的职能与名称都没有大的变化，只在唐高宗龙朔二年（662）改为缮工监，又在武周光宅元年（684）改为营缮监，随即在唐中宗神龙元年（705）时恢复为将作监。

在我国都城史上，有一个绕不开的名字，就是生活在西魏至隋朝时期的建筑大师宇文恺。宇文恺的祖父名为宇文莫豆干，在西魏时被封为柱国大将军、少傅、夏州刺史、安平郡公。父亲宇文贵，为西魏十二大将军之一，官至大司空、小冢宰、大司徒、太保，死后获赠太傅。宇文恺生于这样一个家庭之中，三岁即被赐爵双泉伯，七岁袭封为安平郡公。宇文恺和自己的几个哥哥不同，不喜武而好文，尤其是对建筑方面颇为感兴趣。隋开皇二年（582），文帝杨坚下令，命高颎主持、宇文恺为副手营建新都。表面上看宇文恺只是个副手，但实际上他才是这项工程的实际领导者，亲自规划设计了当时的许多工程，高颎只是负责行政监督而已。宇文恺在营造新都大兴城的过程中，显示了多方面的卓越才华。大兴城于开皇二年（582）六月开始营建，当年十二月基本竣工，次年三月就迁入使用，前后仅用了九个月的时间，这是世界都市建设史上的一大奇迹。大兴城规划之完整、严谨，规模之宏大，建设之快，位居世界前列，在中国建筑历史上也是令人瞩目的里程碑式建筑，充分反映了中国古代城市规划、设计和建造的水平，也显示了宇文恺卓越的设计才能和非凡的建筑技能。

隋大兴城规模雄伟，气势宏大。全城由宫城、皇城、郭城组成，沿南北轴线将宫城、皇城置于全城的主要位置，郭城则围绕在宫城和皇城的东、西、南三面。宫城位于南北轴线的北部，城内用墙分隔成三部分，中部为大兴宫，是皇帝起居、听政的地方；东部为东宫，专供太子居住和办理政务；西部为掖庭宫，是专供宫女学习技艺的地方。宫城南面是皇城，又叫子城，是封建社会政府机关六省、九寺、一台、四监、十八卫的所在地；百官衙署行列分布，东有宗庙，西有社稷。郭城又叫罗城、京城，是城市居民和官吏的住宅区；东、西两面各有一市，西为利人市，东为都令市，是京城的商业区，各占地约一万平方米，里面店铺林立、商业繁荣。这种把宫城、官署和居民区严格区分开来，划分整齐明确、布局完整对称的方式是宇文恺的一大创造，对后世都城建设有重大影响。

另外，宇文恺还在大兴城采用了里坊制的设计方案。东西大街和南北大街纵横交错，将全城分为一百零八个方块。每个方块在当时称为"里"，唐朝称之为"坊"，因此称之为"里坊"。里坊的布局沿中轴线左右对称、均匀分布，呈棋盘式；每个里坊各有名称，大小不一；里坊内官吏、居民住宅，寺庙，道观，商业店铺等应有尽有，和我们现在居住的小区很相似。

在隋文帝杨坚死后，隋炀帝杨广认为大兴城地理位置偏远，交通运输不方便，不能满足京城对大量物资的需求，而且也不利于对全国的控制。于是，在大业元年（605）三月在洛阳营建新都，由宇文恺主持规划设计。在东都洛阳城的修建上，宇文恺基本采用与大兴城一样的原则，只是在形式上不完全对称。城分宫城、皇城和外廓城（也叫大城或罗城）三部分。城内有一百零三坊，分布于皇城的东、南两面。洛水贯穿全城，把城区分成南北两部分，宫城、皇城居北，是行政区；南部是官民住宅区。城中街道非常整齐，里坊呈正方形，有正十字街道。城里有三个规模很大的市场，分别设在外城的东、南、北三面。北市南靠洛河，是船舶商业集中的地方。整个城市气势宏伟，宫殿比大兴城更加富丽堂皇。东都于大业二年（606）正月即告完工，在建成后，东都洛阳迅速成为了隋朝政治、经济、文化的中心。

左校署负责掌管供给营建木工等事务，负责发给各种木料，选择木材的曲直，节制各种器材的使用，考核工匠所制器物的质量。凡是官、室的建制，从天子到普通百姓，都各有不同等级的规定。皇帝的宫殿建筑中采取重拱、藻井结构，王公和三品以上大臣可有藻井九架、五品以上七架，两端还可以修建厅廊。六品以下藻井为五架。各级官吏宅院的门面规模，三品以上为五架三间，六品以下及普通百姓为一间两厦。右校署负责的是给建筑中进行涂墙、彩绘等装修的事务。

中校署负责掌管供应舟车、兵器、马房饲牧及各种杂项工程所需器皿等事务。凡是皇帝出巡及大陈设，负责供应三梁竿柱，马房拴养马匹，负责供给锅、舂、行槽、鞍架等物，祷祠祭祀的时候供给棘葛、竹子土砖等物品。各监、署用于拉车的牛，应支的草料，由中校署根据名册进行核查并贮藏所需按时供应。

甄官署掌管供应雕琢玉石、制陶等事务。凡石工作业之类，像石磬、石人、石兽、石柱、碑碣、碾硙等，都有专门的产地，其功用也有规定。凡是砖、瓦、瓶、缶等器皿的制作，其大小高低都各有标准。凡遇丧葬，则提供随葬的明器等物。这些石头雕刻而成的东西，我们今天把它们统称为“石刻”。广义上的石刻，包括了一切用石材、玉雕刻而成的器具，比如红山文化的玉猪龙，石器时代的石斧、石刀，等等。狭义的石刻，比如各大石窟造像、随葬石人石兽、碑刻，等等，这些都是由甄官署来负责甄选石材并委派工匠进行雕刻。

百工、就谷、库谷、斜谷、太阴、伊阳等监的职责是掌管采伐木材，负责辨别木材的名称和质量。凡修缮建造所需木材的置办，皆要按规定时节采伐和使用。

五监最后一个是都水监。都水监设置都水使者二人，正五品上，下设舟楫、河渠两个官署。都水监负责掌管河流、湖泊、渡口、桥梁等各方面的相关政令，考察川泽津梁的远近和利害。凡是捕鱼的禁忌、衡虞的职任，都归都水使者统领节制。国家祭祀和宴请宾客时，都水使者要奉献川泽特产。京畿之内的渠、堰、陂、池发生毁坏、决口，则交付主管官员负责维修。换句话说，都水监是主管水利工程、防止河流（基本都是指黄河）决口的部门。

黄河，在秦汉的文献中多称“河”或“大河”，在《汉书》中首次出现了“黄河”这个称谓。自古以来，治理黄河都是让国家朝廷头疼的事情。尤其是地势的高差悬殊，极易造成河流的溯源侵蚀。黄河上游部分河段、中游河段流经黄土高原地区，黄土高原的黄土颗粒细、空隙多，土质疏松，耐冲性差，遇水极易形成水土流失。黄河水在中游地区携带的泥沙在下游平原地区的河道中淤积，造成下游河床的抬升，形成“悬河”，造成河流决堤的隐患。在河南省开封市的黄河河段，就可以看到地上悬河的奇景。如此一来，治理黄河就成了历代政府的头等大事。

舟楫署负责掌管公私舟船及漕运等事务。凡是各州转运到京师及东都的货物，都要经由舟楫署检查，派监漕吏依法监督。河渠署则负责掌管供应川泽所出产的鱼及鱼酱等相关事务。凡是沟渠的开通关闭、捕鱼季节的禁令，皆由河渠令权衡利弊，控制其多寡，每天负责供给尚食局及中书门下等部门。若在大祭祀时，由舟楫署负责提供干鱼、鱼酱等用来祭祀。应供给和需要冬藏鱼的官署，每年要交付都水监二十万钱，由河渠署按时价购买。

# 第五章

# 唐代监察制度

## 一、监察机构的由来

我国的监察理念应该说起源于先秦时期的法家思想。先秦，尤其是战国时期，是一个风云变幻的大争之世，在不变强就灭亡的浓重危机感之下，各个国家纷纷试图在这个大时代能够得以生存、延续。在战国初期，魏文侯任用李悝，在经济上推行“尽地力”和“善平籴”的政策，鼓励农民精耕细作，增加产量，国家在丰年以平价购买余粮，荒年以平价售出，以平粮价。同时播种多种粮食作物，以防灾荒。在政治上实行法治，废除维护贵族特权的世卿世禄制度，奖励有功于国家的人。实行了这一系列举措之后，魏国一跃而成为战国初期最强大的国家。其他国家在看到了魏国变法成功之后，纷纷开始效仿。于是，吴起在楚国进行变法，慎到在齐国进行变法，申不害在韩国进行变法，商鞅在秦国进行变法。在这些人中，慎到是法家“势治”派的代表，申不害是“术治”派的代表，商鞅是“法治”派的代表。商鞅由于秦统一天下，成了我们耳熟能详的人物。他的主要思想在于，严格地执行法令的规定，没有丝毫弹性可言。但是，过于严苛的秦法在战争时期也许适用，到了统一天下之后就使得原本属于六国的百姓无法适应了。就像《史记》中记述的那样，“三代不同礼而王，五伯不同法而霸”。在统一之后继续执行严苛的秦法，最终导致秦国二世而亡。

与商鞅相比，慎到就显得柔和得多，这可能与他“道法双修”的身份背景有关。慎到原本出身道家，修习黄老之术。他所代表的势治派，主要依靠贤能的君主。慎到主张“民一于君，事断于法”，即百姓、百官听从于君主的政令，而君主在做事时必须完全依法行事。而且，立法权也要集中于君主之手，各级的官吏只能严格地遵守法律和执行法律，即“以死守法”。百姓则要接受法令的规定，按法做事，即“以力役法”。慎到认为这样才能实行法治，并取得功效。在君主具体执法的过程中，慎到提倡法治，做到公平执法，反对人治。主张立法要为公，反对立法为私。用他的话说，就是“官不私亲，法不遗爱，上下无事，唯法所在”。慎到提倡重“势”和“无为而治”。重“势”是为了重视法律，君主只有掌握了权势，才能保证法律的执行。慎到把君主和权势分别比喻为飞龙和云雾，飞龙有了云雾才能飞得高，如果云雾散去，飞龙就是地上的蚯蚓了。如果有了权势，即使像夏桀那样昏庸残暴，命令也能执行，即“令则行，禁则止”。如果没有权势，即使像尧那样贤德，百姓也不听从命令。慎到的无为而治，包含君臣之道“臣事事而君无事”，即国君不要去做具体工作，具体工作应在“事断于法”的前提下，尽量让臣下去做，以调动臣下的积极性，发挥他们的才能，使得“下之所能不同”，而都能为“上之用”，从而达到“事无不治”的目的。他还认为，“亡国之君非一人之罪也，治国之君非一人之力也”，如果国君只靠自己一个人的力量，决不能把各方面的事办好。因为“君之智未必最贤于众”，即使“君之智最贤”，也必然精疲力竭，不胜其劳。而且国君如果事必躬亲，一个人去“为善”，臣下就不敢争先“为善”，甚至会“私其所知”，不肯出力，国事如有差错，“臣反责君”。慎到认为这是“乱逆之道”，是“君臣易位”，国家也就不可能不乱。他的局限性在于，过于依靠贤能的君主。所以在威王、宣王死后，昏乱狂悖的齐湣王即位，使齐国几乎到了举世伐齐、差点灭国的下场，并从此一蹶不振。

同样具有道家背景的申不害与商鞅、慎到相比，又是另外一番景象。也许是因为出身问题，商鞅是卫国庶出公子，慎到是齐国稷下学宫的著名学者，而申不害却是“故郑之贱臣”。可能由于出身比较低微，所以申不害的思想在我们看来似乎略显阴暗。因为他最偏重的，是“术”。所谓的术，是权谋，也是君主控制和使用臣下的策略与手段。在战国后期集法家之大成的《韩非子》中说“术者，因任而授官，循名而责实，操生杀之柄，课群臣之能者也”。这种操控臣下的手段，也正是后世监察机制的思想来源。

自秦统一后，在中央设置了御史大夫来职掌文书和监察工作；在地方则设“监御史”负责监察所辖郡县内的各项事务。自西汉时期开始，初用秦制，御史大夫是最高监察官，主要职责是典正法度、以职相参、总领百官和上下相监临。在御史大夫之下，又设置了御史中丞来进行辅助工作，中丞以下再设侍御史或监御史之职，他们才是具体开展监察工作的实施者，当时实行的是郡国并行体制，所以监察的实际范围比较小，多限定在较为直接的管理层级，并不是在所有管辖层级和领域进行全覆盖的监察。在汉武帝时期，对监察机制进行了修改和强化，取消了履职效果一般的监御史，改为由上层直接领导的刺史巡视制度，由御史中丞作为具体负责官员，在全国设置十三个监察区，分派刺史对相应区域进行监察，定期回京报告工作开展情况，类似于当前的派驻制度。所谓的“刺史”中的“刺”这个字，就是检核问事，其实也就是监察的意思。在京畿地区，汉武帝又设置了司隶校尉一职，监察的具体对象是含三公在内的京畿官员，在特定的时期也产生了一定的效果，有特别监察官的意味。对郡县的监察设置了督邮，完善郡对县的监察，郡太守对属县的定期巡视监察，县令长对辖境的巡视监察，同时御史府也会进行不定期巡视监察。

到了东汉时期，御史正式成为了中央机构的专职监察官，这标志着我国古代监察制度正式确立，也意味着御史一职的职能向监察职能的转化完成。东汉时期的侍御史主要分为治书侍御史和符玺侍御史。治书侍御史相当于御史中丞的助理，可直接服务皇帝，符玺侍御史负责掌管皇帝的印玺，地位仅次于治书侍御史，很受皇帝信赖，甚至出现符玺侍御史被直接提拔为御史中丞的案例。另外还有一些侍御史如绣衣侍御史和漕运侍御史等负责协助御史中丞监察财政、粮草输运、军事、赋税、司法等日常事项，除此之外，御史台中还有一部分吏员负责文书档案的抄写和指令传达，如御史掾、主簿、少史等。

另外，在汉朝还设置有一种特殊机构，叫作绣衣使者。在汉武帝时期，由于长年累月的战争，导致国家财政入不敷出，于是缺钱的汉武帝打起了富人的主意。为此，汉武帝特地选了一名敢于出卖贵族主子的下人江充，任命他为绣衣直指，命他监督皇宫权贵豪族。据《汉书》记载，江充被任命为绣衣使者后，负责监督三辅之地的官员和皇族，禁止他们过分奢侈。但皇亲国戚生活仍奢侈无度，于是江充上奏没收他们的车马用以充军。经汉武帝允许，被江充弹劾之人都被逮捕直接送到北军（京城戍卫军队），权贵的家人由于害怕，愿交钱赎罪。于是北军由此得到罚金数千万钱。但是江充从此得意忘形，发动了

“巫蛊之祸”陷害太子，在太子宫掘蛊，掘出桐木做的人偶。太子刘据出于恐惧，发兵诛杀江充。江充的党羽逃往甘泉宫报告皇帝，太子已起兵造反。汉武帝震怒，任命丞相刘屈氂带兵平叛。双方在长安混战五日，死者数万。最后太子兵败逃亡，在长安东边的湖县（今河南灵宝市西北阌乡县西南）泉鸠里悬梁自尽，皇后卫子夫亦自杀。事后，汉武帝知道了太子刘据本无反心，于是夷江充三族。

到了隋大业年间，隋炀帝为了加强皇权、提高皇帝在决策之中所占据的比重，对政治制度进行了“重构三省和改革权力模式”的革新。隋炀帝所建立的官僚组织架构有着严重的任人唯亲的倾向，又在此基础上设立了副职，使官员权力分离，时不时还会派遣使者来进行监督。在这一时期，隋炀帝经常外出巡查，也就是在这个时候建立了三台制度进行监察。所谓三台，就是御史台、谒者台与司隶台。御史台如前所述，沿袭了战国至秦汉以来的御史大夫制度。谒者台始于秦官，又为汉朝所延续。两晋时期，谒者台不是常置部门，南朝宋、齐、梁、陈均有设置。隋朝原本不设置谒者台，在隋炀帝大业年间复置。掌管受诏劳问、出使抚慰、持节察授等事务，还可以受理冤案。谒者台这个部门在进入唐朝之后被废除，与谒者台伴随而出现的还有议郎、通直、将事谒者、谒者等多个职位，不同的等级的管理所出使的事务也不尽相同，可以说辐射到了政治事务的各个方面。随着隋朝在对外战争中不断取得胜利，其疆域辐射的范围也在不断扩大，国土的扩大也直接导致了谒者台的影响力进一步扩大。不过，在大业中后期，谒者台的权力开始从边疆向内地延伸。谒者官员是皇帝在地方上的耳目，也是皇帝在地方上设立的监督人员，沟通朝廷的部门，许多谒者官员看似担任的仅仅只是地方不入流的官职，但其背后站着的却是皇权、皇帝，属于位卑但言重的官员。司隶台则是隋炀帝所设置的部门，专管巡察京畿内外。司隶台官员的设立既有御史台的职责，也有谒者台的权力，但双方有着极大的不同之处。西汉时期，汉武帝曾设立刺史制度，刺史具备监督官员的权力，但在地方上没有固定的行政地点。不注重对地方上的管理和监察，其监督的主要体现就是把地方上搜寻而来的相关信息反馈给皇帝，从这些资料中皇帝则可以进行决策，以加强中央对地方权力的行使与掌控。“三台”所执行的监督、反馈和信息沟通等手段，是隋炀帝获得地方信息并执行行政管理的重要手段，它可以第一时间获取信息并进行监督，能够直接加强皇权在地方上的实施。御史台主要管理监督权，司隶台的设立则对御史台进行了相应权力的补充，谒者台掌管出使来宣传皇帝的意志力和权力，麾下人数足足有数百人之多，但司隶台依然对其有着相应的查漏补缺的职责。

## 二、唐代的监察机构

唐代的御史台是国家的法律监督机关和行政监察机关，负有监督百官、典正法度的重大职责。唐代的御史台是一个完整的机构，层次清楚、职责明确、权限严格，有自己的一套完整的职官系统。御史台的最高长官是御史大夫，御史中丞为其副手，下设台院、殿院和察院三个机构，分别由侍御史、殿中侍御史和监察御史任职。三院监察官品阶不同，职掌分明，构成一个十分严密的系统。在整个唐朝，御史台名称虽屡次更易，但其机构基本保持不变，御史台机构具有相对的完整性和系统性。

御史台的机构相当复杂，共设置有御史大夫一人、中丞二人、侍御史四人、主簿一人、录事二人、令史十五人、书令史二十五人、亭长六人、掌固十二人，还有殿中侍御史六人、令史八人、书令史十人；监察御史十人、令史三十四人，总计一百三十六人。

御史大夫是御史台之首，御史中丞则是御史大夫的副手。《汉书》中说，御史大夫乃是秦所置之官，其品位为上卿，银印章、青色绶带，为副丞相之职任。汉成帝绥和元年（前 8）改名为大司空，汉哀帝建平二年（前 5）又恢复御史大夫旧名。元寿二年（前 1），又为大司空。历经两汉，成为三公官之一。东汉献帝建安十三年（208），又改回御史大夫。到了曹魏黄初二年（221），再次被裁撤。其后的两晋、宋、齐、梁、陈、后魏、北齐、后周等朝代，都没有设置御史大夫，而以御史中丞为御史台主官。隋朝因隋文帝杨坚之父杨忠的名字，从而避讳“忠”字，不设置御史中丞，依照两汉制度以御史大夫为御史台主官。隋炀帝大业八年（612），将御史大夫的官品由从三品降为正四品，唐代又设置为从三品。唐高宗龙朔二年（662）将御史大夫的官名改为大司宪，到了咸亨元年（670）又改为御史大夫。除此之外，御史台的名号也有过多次反复。西汉名为御史府，东汉名宪台。东汉时期称尚书台为中台，谒者台为外台，与宪台合称三台。魏、晋、宋、齐称宪台为兰台，梁、陈、北魏、北齐、北周和隋朝皆称御史台。唐代沿袭此名称，称为御史台。龙朔二年（662），再次更名为宪台，到了咸亨元年（670）又恢复御史台之名。武后光宅元年（684）将御史台更名为左肃政台，专理在京各司的相关事务。另外又设置了右肃政台，专门负责按察各州，加置右台大夫一人。神龙元年（705），将左、右肃政台恢复左、右御史台，设置御史大夫二人。延和元年（712），废弃右御史台，到了唐玄宗先天二年（713）九月再次设置，不过十月就又行裁撤，右御史大夫之职也随着右御史台的废置而被废。

御史大夫的职责，是掌管国家的刑法宪制和各种典章相关的政令，以肃正朝纲。所有官吏百僚如有违法反纪及重大隐瞒不忠诚的行为，御史大夫均有权推究弹劾。如果属于中书门下五品以上、尚书省四品以上、其他司三品以上的官员，则需要上奏给皇帝，并同时报送中书、门下省。理论上全国人民（只是理论上）如有冤屈而无处申诉者，由御史大夫会同中书、门下三司进行会审。所谓的三司，就是指御史台、中书省和门下省。三司会审之后，大事则奏报皇帝裁决，小事则专文公布。凡是内外百僚犯案需要弹劾者，由御史报告御史大夫，大事则用专门的书册进行弹劾，小事的话御史大夫只需要签名就行。

在唐中宗景龙三年（709）以前，规定弹奏要在皇帝办公之日，由御史奏报。从景龙三年（709）开始，弹奏要先呈书状，听候批示。如准奏则弹奏，不准则暂停。如果皇帝制命遣使者审核囚犯，御史大夫要与刑部尚书会同参议选择使官。如果国有大礼，御史大夫则负责乘辂车作为导引。

在御史大夫、中丞以下，御史台又设置有侍御史四人，从六品下。《周礼》认为，侍御史执掌国家城乡远近及万民的法治，辅助冢宰。所谓的法治，也就是遵守法令。因御史之位在殿柱之间，所以也称“柱下史”，秦朝将柱下史改为侍御史。《史记》中说，“张苍自秦时为御史，主柱下方书”，这就是侍御史的职任。侍御史戴法冠，法冠亦名“柱后惠文冠”，冠以铁制，又称“铁冠”，表示侍御史审案刚正不阿。法冠的由来，是秦始皇消灭楚国之后，把楚王的王冠赐给了御史。法冠又名獬豸冠，传说獬豸主管诉讼，所以法冠由执法者佩戴。汉袭秦制设置十五员侍御史，俸禄六百石。汉惠帝三年（前192），相国表奏派遣御史监察三辅非法之事，包括争讼、盗贼、铸造伪币、刑狱无理、徭役不公平、官吏不清廉、官吏过于苛刻、越过法定负担限额浪费及折役超过十石以上、征役不当等九条。监察官每两年一换，一般在十一月向朝廷奏报，三月返回监察。侍御史有绣衣直指，主管讨伐奸邪并审理重大刑事案件。汉武帝时期不常置此官，东汉则由三公府中的高第属官来担任，统管五曹。所谓的五曹，分别是负责律令的令曹、负责刻制印章的印曹、负责斋戒祭祀的供曹、负责厩马之事的尉马曹和负责保护皇帝圣驾的乘曹。曹魏设置八人来统管八部，现在只知道有治书曹和课第曹，其他曹名史无记载。西晋设置九人来统管十三曹，分别是吏曹、课第曹、直事曹、印曹、中都督曹、外都督曹、媒曹、符节曹、水曹、中垒曹、营军曹、法曹和算曹。东晋初年裁减了课第曹，又设置有库曹，后来又把库曹分为外左库曹、内左库曹。南朝刘宋设置十人。宋文帝元嘉年间，裁减内、外库曹，直接设置了左库。宋孝武帝大明年间，又设置二库曹，刘宋废帝刘子业景和初年再次裁减。宋顺帝昇明初年，裁减了营军曹，与水曹合并；裁去算曹，并入法曹；吏曹则被从御史属下脱离开来。南朝齐设置十人，南朝梁、陈皆置九人。北魏设置八人，初为从五品，孝文帝太和末年改为正八品下。北齐置八人，从七品下。北魏、北齐尤为重视御史，必须是回答策问成绩优秀且名次较高的人方可被选补任，并且分工掌管各曹内外督令史以下的官员。北周秋官设置有司宪中士，等同于侍御史。隋设置八人，从七品下。炀帝大业三年（607），改为正七品。唐代设置四人，加为从六品下。又设置内供奉员，不增加侍御史人数。

侍御史掌管纠举百官违法行为、审查刑狱的职责。其职任有六，一是奏弹，也就是弹劾官员；二是三司，也就是参与三司会审；三是西推，就是审理诸州的案件；四是东推，就是审核京城各司的案件；五是赃赎，就是审理赃物赎金；六是理匦，匦是朝廷接受臣民投书的匣子，理匦就是处理匦中所呈报的事项。侍御史中资历最长的一人负责处理御史台事务和官署中的杂务，资历第二长的一人负责处理西推、赃赎、三司审、受案监督奏闻等事务，资历第三长的负责处理东推等事务（所谓的“东西推”，也被称为两推。唐代将京城和诸道州府按地域分为东西两大系统，以侍御史二人分掌其职责，因此号称“东西推”）。在御史台中设置黄卷，有违制但没有到需要纠举程度的，用黄卷记录并处以罚金。在黄卷制度设立之初，有个别新任侍御史不知处罚制度，一天之内罚金竟然超过了万钱。旧制规定，新任官罚金以四万为限。等到开元年间崔隐甫任御史大夫时，认为四万钱这个限度仍太高而应减少，御史以一万两千钱为限。凡是皇帝制命交付御史台审理的案件，必须据实审查，然后具状奏闻。如果是一般的案件，那么就在审查完毕之后交与大理寺判决。在唐初时，御史台不设监狱，不能禁押人犯。如果需要拘留审问，就得寄押在大理寺狱中。贞观时李乾佑任御史大夫，奏请在御史台设监狱。这样一来，虽然提审人犯比较方便，但也出现了增加羁押的弊端。到了开元十四年（726），御史大夫奏请撤销御史台的监狱。实在需要拘留提审的话，就依照唐初制度寄押在大理寺监狱。凡属符合弹奏而御史大夫及中丞却没有弹劾的案件，侍御史应当按照事实写出书状，交由御史大夫、中丞，由他们负责奏报。侍御史处理大事，需要戴法冠，着红色上衣、绛色下衣、白纱中单进行弹奏。处理小事的话，就可以穿着平常服饰。三司审理案件时，侍御史与门下给事中、中书舍人在朝堂值班接受表章。三司值班时，一位司正受表，两位司副共同负责。如三司所审之案不需要长官，则侍御史与刑部郎中和员外郎、大理寺司直和评事共同前往审讯。除三司受理和审理之案外，每日由一位侍御史承接帝制，各位奏事之人则听候其指挥监督进退。如果所议之事过于烦琐细小，不宜奏陈皇帝，则附在别的奏报中了结此事。

殿中侍御史设置六人，官品为从七品上。曹魏时期设置御史二人，居于殿中监察违法行为，所以称作殿中侍御史。西晋置四人，到东晋又减去二人。北魏初年，将殿中侍御史的官品定为从五品，孝文帝太和末年改为从八品上。北齐设置十二人，官品为正八品。隋文帝开皇初年，因避讳“中”字，所以改名为殿内侍御史，置十二人，正八品下，又在隋炀帝大业三年（607）裁撤。唐武德五年（622），设置四人，官品正八品上，到了贞观二十二年（648），将人数增加到六人，官品增至从七品上。

殿中侍御史掌管殿廷供奉的各种仪式。在朝会时，殿中侍御史与侍御史一同随仪仗进入殿廷，位置在御史中丞之下，给事中、中书舍人之后。凡是到冬至及元正大朝会的时候，殿中侍御史身着全套礼服升殿。如果皇帝使用大驾与仪仗进行郊祭或出巡视察，殿中侍御史要身着全套礼服随从大驾，在旗门下来往检察，纠举弹劾文物的缺损灭失。如果不是全套大驾仪仗，身着常服即可。在京师和东都城内，分别管理左巡和右巡，检察所巡区域中各种非法之事。非法之事包括下调、流移停匿不走、妖讹惑众、非法外宿、赌博、盗窃、刑狱冤屈滥施刑罚、各州成批运贩货物隐藏盗贼、不依照法律缴纳赋税等。诸如此类，殿中侍御史都有权纠举监察并上奏朝廷。如果应当纠举检察而不履行职责，以及故意纵容、隐匿违法者，则量情节的轻重而坐罪有直接责任的御史。

最后，御史台还设置有监察御史十人，官品为正八品上。监察御史这个名号，是取自秦代监郡御史作为官名。《晋书》中说，晋孝武太元年间创置检校御史，由吴混之任职。《宋书》中说，古时（汉朝）司隶校尉管理行马外禁约之事。东晋裁撤了司隶校尉，设置检校御史，专职行马外之事。这正是检校御史的由来。历经宋、齐、梁、陈，均未见设置此职。北魏太和末年，又设置检校御史，官品为正九品上。北齐设置检校御史十二人，官品从八品上。后周秋官府中有司宪旅下士八人，等同于检校御史。隋朝初年，将检校御史官名改为监察御史，设置十二人，官品从八品上。隋炀帝大业三年（607），加为正八品，增加至十六人。大业八年（612），又加官为从七品。后来又设置御史一百员，从九品，不久又裁减，这种非正常设置的御史一般都比监察御史职轻位卑。唐高祖武德初年，设置监察御史八人。到了唐太宗贞观二十二年（648），加置监察御史二人，另外又设置了监察御史里行。里行这个官名始于太宗时期的马周。太宗令马周以布衣在监察御史里行，从此以后便以“里行”为官名而设置官吏。

监察御史的职责是分工监察百官、巡按郡县、纠正审理刑事人犯、肃整朝仪等相关事务。如果朝会时殿庭有人不肃敬，则监察御史负责纠举弹劾。每两人五日一班，分管东西朝堂。唐玄宗开元七年（719）以前的制度是，监察御史在正门监察无名籍之人，如果不是专门奏事，不允许进入殿庭。开元七年（719）三月，唐玄宗敕命监察御史随仪仗而入，但不得为供奉官，其位置在尚书员外郎之后。选择判官二人作为十道巡按的辅佐，如果本道公务繁重，可以酌情选任现职官员中任官清明强干者，称为支使。凡是将帅征战大胜而归，以所获敌人的左耳（秦军割取敌人首级计算功劳，但是首级太重，所以后来改为左耳计功）数量多少，审计功绩奖赏，分辨战功真伪。各道之屯田及铸造钱币，其审核功绩和纠举过错也由监察御史来负责。凡是岭南及黔府选举补授，也令监察御史一人监督其功过。凡是处决囚徒，监察御史与中书舍人、金吾将军一同监决。如果京师实行忌斋（于忌辰设置的斋醮），监察御史与殿中侍御史分别监察佛寺和道观。七品以上清官（清官即清资官，或称清职。魏、晋、南北朝时，人们崇尚虚玄，不愿务实，于是将“职闲廪重”和接近皇帝的清要之职视为清官）须预行香（旧有行香之俗。正月初一清早，全城文武官员，冠带乘舆，全副执事，鸣锣开道，到各庙宇行香。每家老年人和当家人天未亮便已沐浴更衣，竞先赶到社庙或附近寺院里开殿门和烧头香，点香灯，以此表示虔诚），如行香不到，则将牒送司法机关。如在京都，则分别监察尚书六部，同时负责审查太府寺和司农寺的出纳，来纠正过失。凡是冬至祭祀天坛、夏至祭祀地坛、初春祈祷谷神、秋末祭祀明堂、初冬祭神州、五郊迎气及供祭太庙，则以监察御史二人共同监察。如果祭太阳、月亮、社稷、孔子、姜尚及蜡祭百神，则以监察御史一人率领其官属，检查祭牲、祭器，分辨轻重等级，如发现有不整洁、不肃敬的行为则予以弹劾。尚书省所有的会议，监察御史都应当负责监察。尚书省各司召开七品以上官吏的会议，都要预先下文通知御史台，再由御史台派监察御史一人前往监察。如果发现其决定违反法律和事实，或者不合议题而签发者，需要由监察御史纠举弹劾。凡是皇帝敕令一御史前去监察某事，则由监察御史受命执行。自监察御史以上的御史台官员，每日须有一人在本司门卫值班，以检查御史台的人员、物品出入和令史受领辞讼，送御史大夫过目等事务。如果有某辞讼需要当即审阅，御史大夫则委任当日值班的监察御史进行审理。凡是百官宴会和行习射之礼，监察御史也要依照制度予以监察。

# 第六章

# 唐代中央军制

## 一、南衙十六卫

《左传·成公十三年》中说“国之大事，在祀与戎，祀有执膰，戎有受脤，神之大节也”。对于一个国家来说，军队的管理无疑是生存发展的重中之重。魏晋南北朝的三百余年，是中国历史上战乱频发的时代，也是各项制度在动乱中迅速发展变化的时代。在这段时间中，王朝更迭十分频繁，既有各国之间的征伐，更有不少臣下反叛。那么，控制军队掌握军权，就是重点中的重点。陈寅恪先生曾在《隋唐制度渊源略论稿》一书中有过论述，认为隋唐时期制度来源有三，一为北魏、北齐，二为南朝梁、陈，三为西魏、北周，而府兵制度当中的卫府官制度是与北齐制度联系最为密切的。

卫府的重要性不言而喻，从其官员的任用上也可见一二，隋朝时，门阀贵族的势力还是很大的，基本上可以划分为关陇集团、山东士族、江南士族等几大团体。由于隋文帝杨坚出身于关陇，故而这一贵族集团的势力超脱于其他集团之上。所谓的“关陇集团”，是指北朝至隋唐时期，主要籍贯为陕西关中和甘肃陇山（或称为六盘山）周围的门阀军事势力的集合。北魏为了保障都城平城的安全，在沿边地区也就是河北北部、内蒙古南部建立了六个军镇，合称六镇（其实远不止六个，只是六镇更具有代表性）。当时这些军事重镇的将士都是当地豪强，并且在社会上的地位非常高。由于北魏孝文帝在太和十七年（493）至太和十八年（494）迁都洛阳，留守六镇的官兵在待遇上差了许多，所以逐渐心生不满，于是导致了正光四年（523）的六镇之乱。由于此时的北魏已经无力镇压六镇兵变，所以给予当地的一些豪强实权，让他们自行招兵买马，配合朝廷的指挥对这些叛军进行镇压。却不料地方豪强实际上已经成为了军阀，而且逐渐脱离北魏政权约束，其中就包括尔朱荣、高欢、侯景、宇文泰等人。当时作为军阀之一的贺拔岳提出了一个建议，那就是拉拢当地豪强进行合伙人模式，组成一个利益共同体，具备联盟的性质，这就是关陇集团的雏形。在尔朱荣死后，宇文泰和高欢各自拥立一位傀儡皇帝，于是北魏政权就分裂成了东魏和西魏。为了进一步扩张自身的军事联盟实力，宇文泰继续进行扩大组织的进程，在笼络地方豪强和军阀的同时，建立了八大柱国和十二大将军的组织架构。在这之后关陇集团也迎来了转折，军事实力和政治实力得以有效地提升，并且组织规模越来越庞大，关陇集团被打造成为一个非常强大的军事联盟。随后八大柱国和十二大将军的家族就开始联姻，促使关陇集团内部的关系更加紧密。随着集团规模的不断扩大，内部的矛盾也是层出不穷，但是由于内部存在相应的嫡亲关系，最终也没有形成分崩离析的局面。在隋朝政权建立之前，隋朝的开国皇帝杨坚，就是因为能够笼络住集团内部的各个势力，所以在建立政权的时候得到了相应的支持，称帝比较顺利。因为这个皇帝建立政权后代表的是整个关陇集团的利益，所以说杨坚当皇帝在关陇集团内部基本上没有人反对。

当隋朝建立后，关陇集团内部为了自身利益在各个方面都干扰了杨坚的皇权。为了巩固自己的皇权，他只能放弃自身的一些想法，向集团内部妥协。在隋朝初期，很多关陇集团的子弟在朝廷当中都担任着非常重要的官职，虽然和西魏时期相比不再和皇帝平起平坐了，但是他们的存在依旧在很大程度上制约了皇帝。绝大部分关陇集团的子弟没有权力，但是国家要保证他们衣食无忧，并且给予他们相应的爵位，这就说明皇帝从本质上还是想削弱关陇集团势力的，这样自己的皇权才能得到巩固。隋炀帝杨广上位之后，急切地想要削弱关陇集团对皇权的影响，废除关陇集团爵位的世袭制，并三次征伐高句丽，且迁都洛阳以求远离长安，这一切都触及到了关陇集团的核心利益，于是造成天下大乱。

在隋朝所建立的各项制度之中，卫府制度是非常重要的一环。隋朝初年，设置十二府以统率禁卫之兵。在隋代卫府官体系的官员任命中，关陇集团出身的官员占据了这一系统中的大部分中高层职位，几乎达到了总数的五分之四左右。炀帝大业三年（607），将十二府增改为十二卫四府，合称十六卫府或十六府

（后人习惯上也称十六卫）。其十二卫为：左右翊卫（原左右卫府）、左右骁（骑）卫〔开皇十八年（598）设置的左右备身府〕、左右武卫（原左右武卫府）、左右屯卫（原左右领军府）、左右候卫（原左右武侯府）和左右御卫（新置）；四府为：左右备身府（原左右领左右府）和左右监门府（依旧名）。十二卫统府兵、宿卫京城；四府不统府兵，左右备身府负责侍卫皇帝；左右监门府分掌宫殿门禁。十二卫所统之兵称“外军”，各有军号如下：骁骑（属左右翊卫）、豹骑（属左右骁卫）、熊渠（属左右武卫）、羽林（属左右屯卫）、射声（属左右御卫）和佽飞（属左右候卫）。此外，左右翊卫又兼领“内军”。“内军”指左右翊卫下属的亲、勋、武三侍（隋初为亲、勋、翊三卫）统辖的五军府和另属东宫的三卫三府之兵。唐初沿袭开皇旧制，仍称十六府。龙朔二年（662）唐高宗改百官名时，始正式定称为十六卫。

在中央设十六卫，其中的十二卫为府兵的领导机构：左右卫、左右骁卫、左右武卫、左右威卫、左右领军卫和左右金吾卫；又在全国范围设置“折冲府”；“十二卫”遥领天下657个折冲府，分领诸军府到长安上番宿卫的府兵，居中御外，戍卫京师，是府兵和禁军的合一。

唐代左、右卫，设置大将军各一人，正三品；将军各二人，从三品。另外还有长史、录事参军、仓曹参军、兵曹参军、骑曹参军、胄曹参军等各一人。左右卫大将军与将军的职责是掌管统领宫廷警卫的法令，督率所属的队伍仪仗，总领诸曹之事务。亲府、勋府等五个中郎将府及折冲府应属其管辖的，都由左右卫大将军与将军进行制约。凡遇大朝会，则率领其所属穿戴黄色的头盔铠甲，执黄色弓箭、刀、盾牌、小矛等，树麒麟旗、角端旗和赤熊旗一类旌旗，排列在左、右厢房作为仪仗。按照名册分配亲勋、五府之三卫及折冲府的骁骑卫士有每月应轮流值班的职任。凡在宫中值宿，警卫内廊、阁门外，分为五个仪仗（即供奉仗、亲仗、勋仗、翊仗和散手仗）坐于东西廊下。若皇帝坐正殿，则立于两层台阶之下。若在正门之内值勤，则以挟门队形坐于东、西两厢。在皇城的承天、嘉德二门之内，都由大将军负责守卫。其余诸门及皇宫厢房宿卫之仪仗，若无将军时，则以中郎将一人暂时代理其职。若皇帝大驾行幸，则按照仪仗之规定随从。

隋唐小说和影视剧中经常出现的程知节（原名程咬金）就曾经担任过左卫大将军。程知节本是济州东阿地方游侠出身，远远称不上门第高贵。但是在现藏于咸阳昭陵博物馆的《程知节墓志》之中，却说程知节曾祖为齐兖州司马，祖父为齐黄州司马，父为济州大中正、赠使持节瀛州诸军事、瀛州刺史。不得不说，出土墓志与传世文献之间的差异是相当巨大的。但是，这样的事情是隋唐时期的常态。在隋唐时期，经常有出身门第不高的官员伪造家庭出身，将家族修饰为世家大族。特别典型的是唐初时的武氏家族。《旧唐书》中说武则天之父武士彟家庭生活富裕，喜欢结交豪杰。《新唐书》中说武士彟家中世代从商。到了武士彟之子武士让的墓志中却说，其曾祖俭，担任齐镇远将军，离石、开化二县令。祖父武仁，担任齐龙骧将军、殷州司马。其父武华，隋浚仪县令、仪同三司。这样，很容易看出在武则天登极前后，将武氏家族的出身一步步拔高，进而联系到周天子之后因为生下来手心里就有个“武”字，于是成为这一族的姓氏，所以武则天建立的王朝为“周”这样一个过程。所以在唐代墓志中见到的出身、门第，许多都是不足为信的。

长史掌管诸曹和亲、勋、翊五府以及武安、武成等五十府的日常事务，查阅有关兵仗、羽仪、车马的事。凡是关于公文案卷、典章职事、储藏物料的申请供给，卒伍军团的名数，器械粮食的贮存，皆由长史主持。遇到大事则报告长官裁定，小事由长史自行处理。季秋时节，将百官的工作情况上报大将军，以考核其功过而决定其升降。录事参军掌管印信以及接受诸曹、五府及外府百司官吏之事以分发处置，考核延误等事。仓曹参军掌管五府及外府的文职官员。凡是有关勋阶、考核、节假外差、俸禄以及公廨、财物、田园、食料一类事务，皆由仓曹参军掌管。兵曹参军掌管五府及外府的武职官员。凡是轮流值勤的次序，文书名册，皆经大将军审批后分派执行。骑曹参军掌管外府的马匹及杂畜账册。凡府马在外当值的，把它们由近及远分为七轮，每月更替一次。凡左右厢之使节奉敕出宫城去办事的，皆由骑曹配给马匹。胄曹参军事掌管戎仗器械以及官署兴造和决定处罚等事务。凡是大朝会随从仪仗应备的黄质甲铠、弓箭之类，从卫尉处领取。差事完成之后，再归还给卫尉。若有不应归还者，则贮存于卫库之中。

左、右卫下设亲府、勋一府、勋二府、翊一府、翊二府等五府，各设置中郎将一人，正四品下；左、右郎将各一人，正五品上。中郎将掌管其府的校尉、旅帅、亲卫、勋卫、翊卫等宿卫，并统领其府事。左右郎将为其副职。若遇大朝会或皇帝出巡，则按照制度统率仪仗。凡属五府的亲卫、勋卫、翊卫应轮班值宿时，将其名册上报大将军审批后，分派他们的职任。中郎将这个官职起源于秦汉时期设置的五官中郎将。西汉沿袭秦的制度设置五官、左、右三中郎将，分统郎官，称为三署，所统郎官为三署郎。东汉以后，中郎将的名号被各割据势力广泛加于武官，不再限于禁卫统领等职，成为了一个大致介于将军和校尉之间的阶层，其职位、品秩、权力差异很大，统兵将领亦多用此名，其上再加称号，如使匈奴中郎将、北中郎将等。东汉建安中，魏王曹操嗣子曹丕就领五官中郎将，为丞相的副职。三国时，各中郎将中比较著名的有建威中郎将周瑜、军师中郎将诸葛亮等。此后出现的东、南、西、北等中郎将，其地位甚至一般被认为高于杂号将军。

左、右骁卫，设置大将军各一人，正三品；将军各二人，从三品。左、右骁卫的执掌与左、右卫大体相同，不同之处是在大朝会时，左右骁卫举黄麾、凤旗、飞黄旗、吉利旗、兕旗、太平旗等，并分派麾下所率亲府的翊卫武士、外府的豹骑卫士轮班值勤。若在正殿之前值班，则以胡禄队（亦作“胡鹿”“胡簏”“胡簶”，就是收纳箭矢的器具）坐于东、西廊下。若皇帝在正殿之中，则以队仗立在左右卫队仗之下。在正门之外值班时，以挟门队列于东、西厢。凡分兵守卫诸门，则执掌左厢诸门之内及右厢诸门之外的各项事务。若在皇城四面、宫城之内外，则与左右卫分工执掌驻军的职责。

各卫下设左、右翊府，左、右翊府设置中郎将一人、正四品下；左、右郎将各一人，正五品上，另外还设置有兵曹参军事各一人，正九品上。各卫下设的左、右翊府职责与左、右卫下设的五府完全相同。

唐初时期的著名将领曹钦曾经担任左骁卫大将军。据《曹钦墓志》，在隋大业十三年（617），金城郡校尉薛举与其子薛仁杲起兵陇西后，曹钦依附薛举父子，与大唐为敌。次年，薛举去世，薛仁杲兵败降唐，曹钦归顺唐朝，拜正议大夫。此后几年中，曹钦追随秦王李世民先后参与了平定刘武周、宋金刚的战争以及消灭窦建德、王世充的战争，因功拜上仪同三司。武德九年（626），参与了“玄武门之变”，因功拜新城府别将，并受到“赐物三千段、金带一具”的奖赏。贞观年间，曹钦先后以昆山道、交河道、灵武道行军总管等职，参与了征讨突厥和吐谷浑的战争。贞观十九年（645），曹钦跟随太宗参与了东征高句丽的战争。贞观末年，官至左监门卫中郎将。永徽六年（655），曹钦又以葱山道行军总管，再次远征西域，跟随程咬金参与了讨伐阿史那贺鲁的战争。虽然历尽艰辛，跋涉万里，终因前军失道，无功而还。麟德二年（665），拜左骁卫大将军，封云中县开国公，留守高祖献陵。

左、右武卫，设置大将军各一人，正三品；将军各二人，从三品。左、右武卫的执掌与左、右卫大体相同，不同之处是在大朝会时率其所属穿戴白色头盔、革甲、铁铠，执白弓箭、白盾、白短矛，举水鸟麾、四色麾、五牛旗、飞麟旗、骏马旗、凤凰旗、犀牛旗、赤雉旗、野马旗等。警戒清道时，由称长（左、右武卫下属的官员）高声唱警，持钑队齐声应和，并担负左右厢的仪仗。凡是府翊卫、外府的熊渠卫队应值班的，由大将军和将军分配其职。在正殿前轮流值班时，就以所属各队顺次序立于骁卫之下。在嘉德门内值班时，则以挟门队形坐于东、西两廊。

唐初时，突厥贵族李思摩（阿史那思摩）就曾经担任右武卫大将军。在武德初年，李思摩多次担任使者，出使唐朝。武德七年（624）八月，当时的颉利可汗与小可汗突利可汗率军侵犯唐朝。唐高祖李渊次子秦王李世民带兵抵御突厥，并向突厥陈述利弊得失。于是，颉利可汗派遣李思摩与突利可汗前往会见李世民，请求通和修好，李世民答应他们的请求。到了八月壬申日，李思摩来到长安朝见唐高祖，唐高祖召他到御榻前面，好言安慰他，并赞赏他的诚朴，封他为和顺郡王。贞观四年（630），唐太宗派大将军李靖等率领唐军分道攻打突厥汗国。颉利可汗兵败逃亡，各部族首领纷纷抛弃颉利可汗投降唐朝，唯独李思摩跟随颉利可汗。不久，唐军灭亡东突厥，李思摩与颉利可汗同遭唐军俘虏。三月初三，唐太宗李世民因赏识李思摩的忠心，任命他为右武候大将军、化州都督。五月初八，唐太宗改封李思摩为怀化郡王。不久改任北开州都督，统领颉利可汗的旧部居住在黄河南部地区。

自从突利可汗之弟结社率反叛后，上书言事者多说突厥留在黄河南部多有不便。贞观十三年（639）七月初九日，唐太宗诏令李思摩为乙弥泥孰俟利苾可汗，赐给鼓和大旗；突厥以及安置在各州的胡族，均令他们渡过黄河，回到他们的旧部落，使他们世代为唐朝的屏障，长久地保卫边塞。李思摩等人都惧怕薛延陀部，不肯走出塞南。唐太宗派司农卿郭嗣本赐给薛延陀玺书，写道："颉利可汗已然败亡，他们的部落都来归附大唐，朕不计较他们旧的过失，嘉奖后来的善举，待其官员皆如朕手下的百僚，视其部族民众皆如朕之百姓。中原王朝崇尚礼义，不毁灭别人的国家，先前打败突厥，只是因为颉利可汗一人有害于百姓，实在不是贪图其土地，夺其牲畜，总想重立一个可汗，所以将投降的突厥各部落安置在河南一带，听任他们畜牧。如今人丁兴旺，户口滋生，朕内心非常高兴。既然已答应另立一可汗，便不能失信。秋天将要派遣突厥渡黄河，恢复其故国。你们薛延陀受册封在前，突厥受册封在后，后者为小，前者为大。你们在漠北，突厥在漠南，各守疆土，镇抚本族各部落。如有越境劫掠，我大唐就要发兵，各问其罪。”薛延陀接受此诏令。于是，唐太宗让李思摩率领所辖部落建牙帐于黄河北部漠南一带，唐太宗亲临齐政殿为他们饯行，并把李思摩叫到跟前说：“侍弄一草一木，见它生长得繁茂就心中高兴，何况我对你们部落育人养畜，见不少于往昔，能不高兴吗？你父母的坟墓在黄河北，现在恢复你的旧国，为你送行。”李思摩泪流满面，端酒杯祝寿说：“我等败军之旅，本当化为尘壤，幸遇陛下保全我们，而立我为可汗，愿千秋万代永远侍奉陛下。”唐太宗派礼部尚书、赵郡王李孝恭，鸿胪卿刘善等人携带册封文书，就其部落聚居地，在黄河边筑立祭坛来进行册立。

贞观十七年（643），李思摩迁右武卫大将军，跟从唐太宗东征高句丽。在战争中，李思摩被流矢击中，唐太宗亲自为他吮血，《李思摩墓志》中说“攻白崖城，为流矢所中，主上亲观传药，恩越等夷”，倒是没有说为他吮血这样的事情。不久班师回朝，李思摩死于京师，追赠兵部尚书、夏州都督，陪葬昭陵。

左、右威卫，设置大将军各一人，正三品；将军各二人，从三品。左、右威卫的执掌与左、右卫大体相同，不同之处是，在大朝会时率领属下穿戴黑色的头盔、革甲、铁铠，手拿黑色的弓箭、刀、小矛等，举青麾、黑麾、黄龙负图旗、黄鹿旗、驺牙旗、苍旗等，作为左、右厢的仪仗，依次序立于武卫仪仗之下。所属翊府翊卫、外府羽林卫士轮值的，由大将军与将军分配他们的职务。若在正殿前轮值，就以各队立于台阶下。若在长乐、永安门内轮值，则以挟门队形列于两廊。凡是分兵守护，则负责皇城东面、西面驻地的守卫任务。

经常在小说、影视剧中出现的唐代著名将领薛仁贵，就曾经担任过右威卫大将军。薛仁贵，名礼，字仁贵，生于隋炀帝大业十年（614），出身于河东薛氏南祖房，是南北朝时期刘宋、北魏名将薛安都的后代。其曾祖父薛荣、祖父薛衍、父亲薛轨，相继在北魏、北周、隋朝任官。

显庆四年（659），薛仁贵和梁建方、契苾何力等，与高句丽大将温沙门战于横山。当时，薛仁贵手持弓箭，一马当先，冲入敌阵，所射者无不应弦倒地。接着，又与高句丽军战于石城，遇善射敌将，杀唐军十余人，无人敢挡。薛仁贵见状大怒，单骑突入，将其生擒。十二月，薛仁贵又与辛文陵在黑山击败契丹，擒契丹王阿卜固以下将士，战后他因功拜左武卫将军，封河东县男。龙朔元年（661），一向与唐友好的回纥首领婆闰死，继位的比粟转而与唐为敌。李治诏右屯卫大将军郑仁泰为主将，薛仁贵为副将，领兵赴天山击九姓铁勒。临行，李治特在内殿赐宴，在席间对薛仁贵说："古代有善于射箭的人，能穿透七层铠甲，你射五层看看。"薛仁贵应命，置甲取弓箭射去，只听弓弦响过，箭已穿五甲而过。李治大吃一惊，当即命人取坚甲赏赐薛仁贵。郑仁泰、薛仁贵率军赴天山后，九姓铁勒拥众十余万相拒，并令骁勇骑士数十人前来挑战。薛仁贵临阵发三箭射死三人，其余骑士慑于薛仁贵神威，都下马请降。薛仁贵乘势挥军掩杀，大败九姓铁勒，并坑杀降卒。接着，薛仁贵又越过碛北追击铁勒败军，擒其叶护（首领）兄弟三人。薛仁贵收兵后，军中传唱说："将军三箭定天山，壮士长歌入汉关。”从此，九姓铁勒衰败，不再为边患。

总章元年（668）二月，薛仁贵率领三千人（《旧唐书·薛仁贵传》作两千人）进攻高句丽重镇扶余城。这时，部将都以兵少，劝他不要轻进。薛仁贵说：“兵员在于会用，不在人多。”于是率军出征。这次战役，他身先士卒，共杀获高丽军一万余人，攻拔扶余城。唐军一时声威大振，扶余川四十余城，纷纷望风降服。之后薛仁贵一路凯歌，与李勣大军会师于高句丽都城平壤外，对平壤形成合围之势。九月，僧人信诚开门接纳唐军，李勣趁势进攻，一举攻陷平壤，擒获泉男建。至此，高句丽灭亡。此战，唐朝共获五部、一百七十六座城、六十九万七千户口，于是将其划分为九个都督府、四十二州、一百县，设安东都护府统管整个高句丽旧地。起初由魏哲出任安东都护，魏哲于总章二年（669）三月死于任上，唐廷于是任命薛仁贵为右威卫大将军兼检校安东都护，封平阳郡公，率兵二万人留守平壤。

左、右领军卫，设置大将军各一人，正三品；将军各二人，从三品。左、右领军卫的执掌与左、右卫大体相同，不同之处是，在大朝会时率领属下穿戴青色头盔、革甲、铁铠，执青色弓箭、青刀、青盾、青小矛，举赤麾、应龙旗、玉马旗、三角兽旗、白狼旗、龙马旗、金牛旗等，作为左、右厢的仪仗，依次序立于威卫仪仗之下。所属翊府翊卫、外府射声卫士应轮值的，由大将军和将军分配其职。在正殿前值勤，就以各队立于阶下。在长乐门、永安门外值勤，则以挟门队形列于两廊。凡是分兵守护，则负责皇城东、西面的驻所及京城、苑城诸门的守卫。

在小说和影视剧中，与程咬金、秦琼等一同作为“瓦岗英雄”出现的王君廓（大刀王君可的原型），就曾经担任左领军卫大将军。与影视剧中义气深重的“绿袍帅、美髯公”大刀王君可不同，史书中的王君廓倒是个相当阴险狡诈、为达目的不择手段的人物。王君廓自幼孤贫，以贩马为生，因为品行不端、经常偷盗，因此乡亲们都很讨厌他。隋末天下大乱、群雄并起，不安分的王君廓打算聚集兵马做强盗，并拉着叔叔一起入伙，但被后者拒绝。王君廓不死心，便诬陷邻居与婶母私通，忽悠着叔父杀死二人，然后跟着他亡命江湖。王君廓为达目的不择手段，由此可见一斑。

在唐高祖李渊起兵反隋后，曾经派人招降王君廓，但王君廓却认为李渊难成大事，所以并没有理睬他，而是率领部众投奔李密率领的瓦岗军。然而，李密徒有礼贤下士的虚名，却根本看不上出身盗贼、奸诈反复的王君廓，因此对他甚是轻慢。王君廓大失所望，所以没多久便投降李唐。降唐后，王君廓被任命为辽州刺史，封上谷郡公。此后长期跟随李世民征战，在消灭夏王窦建德、郑帝王世充等一系列战事中，立下盖世功勋。在此期间，王君廓曾率领十三名骑兵，大破王世充部将郭士衡、许罗汉率领的万余人，事后受到唐高祖的褒奖，称“尔以十三人破贼万，自古以少制众，无有也”。

在天下统一后，唐高祖将皇室成员派往各大都市担任都督，目的在于加强对当地的管控，其中庐江王李瑗出任幽州大都督。李瑗虽然是唐高祖的堂侄，在唐朝创建过程中也曾立下过战功，但此人怯懦无能，并非将帅之才，所以唐高祖出于担心，便命令王君廓来辅佐他。李瑗一上任，便刻意笼络王君廓，不仅对他推心置腹，而且还要与他结为姻亲。然而，王君廓实在是阴险狡诈。在玄武门之变后，王君廓便利用李瑗与李世民之间的矛盾，唆使他扣押朝廷使者崔敦礼，并策划举兵造反事宜。然而，等到李瑗真的扣押崔敦礼后，王君廓却以讨伐叛贼的名义，率军逮捕他，随即将其缢杀。在李瑗遇害后，不明真相的唐廷进拜王君廓为左领军大将军、幽州都督，加封左光禄大夫，并将李瑗的姬妾、奴婢全部赏赐给他。王君廓如愿以偿地占据幽州后，以平叛英雄自居，开始变得骄横自恣、不遵法度。贞观元年（627），王君廓奉诏入朝天子，临行前，长史李玄道（房玄龄的外甥）交给他一封信，请求他务必转交房玄龄。王君廓生性多疑，便在进京途中拆开信件，结果却因为不认识信中的草书，所以便怀疑李玄道在向房玄龄告发自己的罪行。王君廓越想越害怕，所以行至渭南时便杀死当地的驿卒，然后逃往突厥避难，结果在途中被乡民杀死。如此枭雄，最终却因为不识字而被杀，实在是让人啼笑皆非。

左、右金吾卫，设置大将军各一人，正三品；将军各二人，从三品。所谓的“金吾”，就是“金乌”，汉掌管京师的长官为“执金吾”，也就是“中尉”，颜师古注《汉书》解释说：“金吾，鸟名也，主辟不祥。天子出行，职主先寻，以御非常，故执此鸟之像，因以名官。”《后汉书·百官志》（其实是司马彪《续汉书》）中引用《汉官仪》说执金吾“缇绮二百人，持戟五百二十人，舆服导从，光满道路，群僚之中，斯最壮矣”，出行非常的威风，所以年轻时的东汉光武帝刘秀在看到了执金吾出行的场面后感叹道："仕宦当作执金吾，娶妻当得阴丽华。"后来刘秀果真娶了阴丽华为妻，倒是没有当执金吾。

唐代金吾卫源于隋朝左右武候，在皇帝出行时，先驱后殿，日夜巡察，止宿时司警戒之责。隋炀帝改为左、右候卫，所领军士称"佽飞"。在唐高宗龙朔二年（662），采用汉朝执金吾的名号，改为左、右金吾卫。左、右金吾卫负责掌管宫中及京城昼夜巡察警戒的法令，来防范非法犯罪之事。凡所属翊府及同轨等五十府皆由其统辖。当皇帝车驾出入时，则率其所属清游队举白泽旗、朱雀旗为先驱，又以玄武队树玄武旗为后殿。其余的依照卤簿之法列队随从。若皇帝巡狩师田，则执掌其左右营的禁卫之事。凡是翊卫翊府、同轨、宝图等五十府的彍骑、卫士应番上值班者，由大将军、将军分配其职事。

武周时期与周兴、来俊臣等同为酷吏的丘神勣就曾经担任左金吾卫大将军。丘神勣是右武候大将军丘行恭之子，家族累世将门。丘行恭就是一个性格残忍、手段严酷之人。在贞观十七年（643），鄠县县尉游文芝告发代州都督刘兰成谋反，唐太宗下令将刘兰成腰斩。丘行恭为了表示对太宗的忠心，竟然挖出刘兰成的心肝烹食。唐太宗得知后，责备丘行恭说："刘兰成谋反，国家有规定的刑罚，何至于如此？如果以此来表示忠孝，则应该是太子和诸亲王先吃，岂能轮到你呢？”丘行恭性情之残忍，由此事可见一斑。丘神勣继承了丘行恭的残忍性格，在光宅元年（684）奉武则天之命杀死了章怀太子李贤，事后却被武则天归罪，贬任叠州（今甘肃迭部）刺史。不久，丘神勣复职回京，担任左金吾卫将军。垂拱四年（688），博州刺史、琅邪王李冲在博州（今山东聊城）起兵反对武则天，武则天任命丘神勣为清平道大总管，前往博州平叛。不久，李冲遭百姓孟青棒、吴希智所杀。丘神勣到达博州后，官吏都穿着白色的孝服来迎接他。丘神勣因无叛可平，挥刀把他们全部杀死，残害一千余家，加任左金吾卫大将军。不过这样的酷吏往往没有好下场。天授元年（690），有人告发周兴与丘神勣等阴谋造反，于是在第二年十月，丘神勣被武则天下令处死。

左、右监门卫，设置大将军各一人，正三品；将军各二人，从三品。左、右监门卫负责掌管门禁卫及门籍相关的法令。凡是在京各司应该凭籍入宫门的，都由其所属的官衙将入宫者的官籍、姓名注于籍上，再将牒文移交宫殿门守官。若是流外官呈送履历，在籍上注明其年龄、相貌等。门司将牒送于监门官核对认同，然后才可以入宫。凡是财物或其他器用应该送入宫中的，由主管官吏将物品清单送往左监门由将军批准，再由门司检验后入宫。财物或器用应出宫者，由主管官吏将清单送往右监门由将军批准，再由门司检验后放行。进出官员的官籍每月更换一次。若皇帝大驾行幸，则依照卤簿之法，率领其属下于衙门监守。

左、右监门卫的职责总共有两项：第一是守卫宫廷诸门，第二是在皇帝出宫时，负责护卫。由此可见，左、右监门卫的职权非常重要，皇宫的各宫殿城门的警卫工作全由左、右监门卫负责，也就是说皇宫中的所有皇室成员的安危都由其负责。与前面所述的十二卫职责有所不同，左、右监门卫和左、右千牛卫直接隶属于皇宫，专门负责皇宫和皇帝的安全。那么担任左、右监门将军的人一定是皇帝最为亲信的，或者最为皇帝宠信的。

唐代担任左、右监门卫大将军的许多都是太监，比如太宗时期的张阿难、玄宗时期的高力士，等等。但是，这并非绝对，有一些深得皇帝信任的官员也可以担任左、右监门卫大将军，比如唐高祖李渊的家奴、唐初开国元勋钱九陇，就曾经担任右监门卫大将军。

钱九陇也算是将门出身，其父名钱文强，是南朝陈的名将吴明彻的手下裨将。在彭城和吴明彻一起战败之后，钱文强归顺了北周。在隋朝时，钱九陇坐罪籍没为奴，发配侍奉唐国公李渊。钱九陇擅长骑射，常随李渊左右。晋阳起兵后，因功授予金紫光禄大夫。随军进攻薛仁杲、刘武周，升迁多次后任右武卫将军。跟随秦王李世民平定洛阳擒获窦建德，辅佐隐太子李建成征讨刘黑闼，力战破敌，功劳显著，进封郇国公。武德八年（625），唐高祖李渊为抵御突厥复置关中十二军，钱九陇出任苑游将军，镇守西麟州。钱九陇在贞观十九年（645）去世，享年七十三岁，被追赠为左武卫大将军、潭州都督，谥号为勇，陪葬献陵。

因为钱九陇曾经因坐罪而被发配为奴的身份，所以在唐朝建立之后深受李渊、李世民的信任，由此可以承担保护皇帝和皇宫安危的重任。有趣的是，虽然钱九陇相比唐初时璀璨的将星来说，不是那么的为人所熟知，但是他的家族在后世可谓大放异彩。钱九陇为湖州长城（今浙江长兴）人，唐末五代时的吴越武肃王钱镠就是他的十世孙。从钱镠时开始，浙江钱氏一门千年不朽，涌现了大量的著名人物。哪怕到了近现代，仍有钱学森、钱锺书、钱穆等在各个领域做出卓越贡献的前辈学者出身于这个家族。

左、右千牛卫，设置大将军各一人，正三品；将军各二人，从三品。左、右千牛卫的职责是总管宫殿侍卫以及供御仪仗等诸曹的事务，凡是千牛备身、备身左右执弓箭负责宿卫，并负责守卫的兵杖、戎服等器物。凡是到了受朝之日，由大将军和将军率领备身左右升殿，侍列于皇帝御座的左右。若皇帝在射宫行射礼，则由大将军、将军率其属下作为随从。如前所述，左、右千牛卫和左、右监门卫的大将军、将军都由皇帝非常信任的人来担任。所谓的“千牛”，是一种刀具，这个名字出自《庄子》中所说的“〔庖丁〕所解数千牛矣，而刀刃若新发于硎”。在北魏宣武帝时期，设置千牛备身掌执千牛刀，负责皇帝的安全。隋初，改革北周之制，设置十二府以统率禁卫之兵。设有“左右领左右府”，统“千牛备身”。开皇十八年（598），设左右备身府。据《唐六典》中的记载，唐贞观中，左右备身府复为左右领左右府。显庆五年（660），才开始设置左右千牛府。龙朔二年（662），改左右千牛府为左右奉宸卫。神龙元年（705），改为左右千牛卫。但是，在《旧唐书》中可以看到，在武则天长安元年（701），“又赐（李）义府子左千牛卫将军”，说明在神龙元年（705）之前就已经设置过左、右千牛卫了。

以上，左右卫、左右骁卫、左右武卫、左右威卫、左右领军卫、左右金吾卫、左右监门卫和左右千牛卫共同组成了唐代中央禁军的十六卫府，也就是唐代中央军系统中所谓的“南衙”。与“南衙”禁军相对应的，就是以左、右羽林卫为代表的“北衙”禁军。

在唐朝建立的初期，沿用了著名的府兵制度。府兵拥有自己的耕地，如果朝廷需要打仗，府兵要准备好武器，然后集结出征。在唐朝的初期，战争规模比较小，而且持续时间比较短，府兵制还能应付。但是随着唐朝的迅速崛起，大唐帝国的疆域逐步扩大，与周边政权的矛盾越来越多。例如吐蕃帝国、突厥帝国，等等，与这些政权作战的过程中，唐朝军队的伤亡很大，府兵的数量已经无法满足朝廷的需要。与此同时，府兵长期驻扎在边境地区，家乡的土地无人耕种，对朝廷的经济也造成了很大的影响。进入武周时期以后，逐步改变了府兵制度，募兵制开始出现。从这个时候开始，为了防止出现将领专权的问题，唐朝把中央军团分成了南衙和北衙两个部分，起到了相互牵制的作用。

## 二、北衙六军

上一节我们提到的唐十六卫，属于中央禁军系统范畴之内。因为驻扎在宫城南面，所以被称为“护城军”，也被称为“南衙禁军”。而驻扎在宫城北部西内苑的左右羽林军、左右龙武军、左右神武军等六军则被称为“北衙禁军”。北衙禁军由唐初的元从禁军发展而来，最初的名号为左、右屯营，因为戍守于玄武门（大兴宫正北门）外，所以又称为“北门屯营”。北门屯营在设置之初，本是南衙的一个下属机构。在唐初重大事件“玄武门之变”中，有两个人起到了至关重要的作用。第一个，是守卫玄武门的左屯营将军敬君弘。敬君弘出身世宦家庭，初仕隋朝，历任豳州刺史、西京留守、内史侍郎等职务，在义宁年间归降李渊，被授予左屯营将军职务，负责守卫玄武门。在武德九年（626）的玄武门之变中，隐太子李建成死后，东宫太子六率将领冯立、谢叔方率兵攻打玄武门。部下劝阻说：“事情的结果还不知道，还是先观察观察事态发展为妙。等到大军云集，列阵开战的时候再参与也不迟。”敬君弘挺身出战，与中郎将吕世衡一起用生命为李世民争取了时间，被冯立所杀。唐太宗李世民即位后，念及敬君弘的救命之恩，追赠兵部尚书、绛国公，谥号为忠。另一个，是著名将领尉迟敬德。在李建成死后，尉迟敬德带着七十名骑兵跟着赶到玄武门。李元吉驱马向东逃跑，被乱箭射下马来。李世民骑马跑进树林，突然缰绳挂到树上被绊倒，不能起身。李元吉追上来抢夺弓箭，俯身下去要杀李世民，尉迟敬德驱马上前大声呵斥，李元吉转身就跑，被尉迟敬德赶上去一箭射死。此时东宫将领薛万彻、谢叔方、冯立等人杀死了敬君弘，正要围杀李世民时，尉迟敬德提来李建成、李元吉的首级示众，才使得东宫诸将撤走。事后叙功，尉迟敬德被认为功劳第一。在玄武门之变后，左、右屯营的地位逐渐提高，在高宗龙朔二年（662）更名为左、右羽林军，最终如陈寅恪先生所说“唐代之北军即卫宫之军，权力远在南军即卫城之军之上”。

贞观年间，唐太宗李世民将左、右屯营命名为“飞骑”，从中挑选骁勇善骑射者百人作为贴身警卫。也许是为了纪念汜水关前秦王百骑破万军的雄风，所以将这些警卫命名为“百骑”。这一调整使北门屯兵的力量有所加强，但其时组织制度尚不完备，没有独立的指挥机构与官属，一般由皇帝诏令南衙十六卫将军以

“检校”方式统掌。如程知节、契苾何力、阿史那社尔等人，就曾分别以左屯卫大将军、左领军卫将军、左骁卫大将军的身份“检校北门屯兵”。直到唐高宗龙朔二年（662），才开始正式命名左、右屯营为左、右羽林军。

羽林这个名号从西汉时期就开始出现。《后汉书·顺帝纪》注引《汉官仪》称，汉武帝太初元年，初置建章营骑，后更名羽林。“建章营骑”，是因为警卫建章宫得名，后改为羽林，取“为国羽翼，如林之盛”的意思。同时期，汉武帝还设置了以“期诸殿门”而得名的期门军，后来又在汉平帝时期更名为虎贲军。汉武帝创设期门、羽林的真实意图，主要是为了贯彻“居重驭轻”的建军方针，进一步确立中央军的优势地位；同时，由于当时复杂的社会问题和民族矛盾，长期对外用兵，内部防务空虚等因素，因此武帝在军制改革的过程中，采取措施强化贴身禁卫。众所周知，从秦至汉初，皇帝的贴身禁卫即郎中令及其属官（包括郎、谒者、大夫等），基本上还属文官性质，并未成为真正意义上的警卫部队。由于郎卫的实力较弱，故当时对皇宫及京师的保卫主要靠南、北军。到武帝时，随着太尉的罢省，特别是加强皇权的需要，郎卫力量与南、北军相比就更加显得单薄。为改变这种现状，于是将“郎中令”更名为“光禄勋”，扩充郎卫员额，在光禄勋属下增设期门、羽林军。这样，一方面可使郎卫与南、北军形成三分鼎峙之势，并以之牵制南、北军；另一面，也有利于互为表里，加强贴身禁卫的可靠性和保险系数。

唐高祖时期，大唐开始创设屯驻于宫城以北，以保卫皇帝和皇家为主要职责的皇帝私兵，即“北衙禁军”，与国家军队“南衙府兵”相对，随后经过唐太宗、唐高宗两朝的不断演变，最终将“北衙禁军”中独立出来的精锐，命名为“左右羽林军”。羽林军皇帝私人卫队的性质，决定了其既是保障皇室和宫廷安全的最后一道屏障，又是皇帝和他的内廷发挥权力的保障，进而掌控帝国的核心，这两项职能决定了羽林军的立场在宫廷政变当中扮演了举足轻重的角色，成为决定政变成功与否的决定性因素。

神龙元年（705），武则天病重，宰相张柬之同崔玄暐、敬晖、桓彦范、袁恕己等五人，率领五百名已经被说服的羽林军进入东宫，将中宗李显带走。然后张柬之等人率军进入玄武门，将武则天的面首张易之、张昌宗兄弟当场击杀，随后迫使武则天退位，还政于中宗。武则天在位十五年之久，对朝政的掌控到了随心所欲的地步。可一旦羽林军改变立场，垮台只在瞬息之间。

唐代羽林军的建制与南衙十六卫基本相同，左、右羽林军各设置大将军一人，正三品；将军二人，从三品。羽林军大将军和将军的职责是掌管统领北衙禁兵的法令，监督统摄左右厢飞骑的仪仗，并统率所属诸曹的各种事务。若逢大朝会，则率领所属仪仗在皇帝阶陛四周为侍卫。若遇皇帝大驾出巡，则沿行幸之驰道两侧作为内仪仗。凡是飞骑每月番上值班者，由羽林军大将军和将军依据其姓名和履历来分配任务。飞骑仗奉诏命去南衙公干的，由大将军和将军承接墨敕转发于金吾卫的引驾仗，再由引驾仗官与监门官奏覆，等再降下墨敕之后，才能够进入南衙。

唐初名将薛仁贵长子薛讷曾经担任过左羽林大将军。武周圣历元年（698），突厥阿史那默啜入侵河北，武则天以薛讷将门虎子，提拔其为左武威卫将军、安东道经略。不久拜其为幽州都督兼安东都护。转并州大都督府长史，兼检校左卫大将军。开元元年（713），唐玄宗在新丰讲武，薛讷当时为左军节度。唐军军容不整，玄宗震怒，流放兵部尚书郭元振，杀给事中、知礼仪事唐绍。各路军马震惊失措，队形散乱，只有薛讷和朔方道大总管解琬二人所领兵马岿然不动。玄宗派遣轻骑宣召薛讷，企图进入薛讷军营。但薛讷治军严整，严禁使者随意进入军营。玄宗大加赞赏，特意慰勉，盛赞薛讷有周亚夫之风。开元二年（714）十月，吐蕃进攻渭源，玄宗下诏准备御驾亲征，并发兵十多万人、马四万匹，迎击吐蕃。初十，薛讷在武阶驿（今甘肃临洮东）对抗吐蕃军。王晙则率两千兵马奔袭二十里外的大来谷口，配合薛讷大军作战。吐蕃大将坌达延于此驻有十万兵马。王晙选七百勇士伪装夜袭吐蕃军，吐蕃军误认为唐军主力赶到，惊恐之中，自相残杀，死亡一万余人。王晙率军获胜后，即挥兵武街驿。再选壮士乘夜偷袭吐蕃军。吐蕃大军乱作一团，薛讷亦率兵杀到，前后夹攻，大败吐蕃军。坌达延率残部向洮水（今甘肃临潭西北）逃窜，薛讷指挥唐军紧追不舍，双方激战于长城堡（在今甘肃临洮境），唐军再次大败吐蕃军，斩首一万七千余级，缴获牛羊一百二十万头。吐蕃军背水一战，誓死抗争。薛讷军先锋、太子右卫率、丰安军使郎将王海宾陷入重围，唐军诸将嫉其战功，迟迟不发兵增援，致使王海宾力战而死。薛讷率主力赶到，趁势猛攻，吐蕃军死伤数万，横尸遍野，洮水为之不流，吐蕃将领六指乡弥洪被生擒。唐军尽收其所掠羊马，并缴获无数器械。唐朝取得了十几年来对吐蕃作战的最大胜利。玄宗听闻薛讷等大获全胜，大悦，于是停止亲征。命紫微舍人倪若水赶赴前线，记录诸将功勋。战后，薛讷以功拜左羽林军大将军，封平阳郡公。

左、右龙武军，其官员编制与羽林军相同，设置大将军一人，正三品；将军二人，从三品。左右龙武军与左右羽林军渊源颇深，源出唐太宗时的“百骑”。武则天上台后把“百骑”扩编为“千骑”，唐中宗李显又扩编为“万骑”，分为左右营，置使作为统领。中宗驾崩后，李隆基就是在万骑将领葛福顺等的支持下，发动政变消灭韦皇后、安乐公主一党，将其父睿宗李旦推上皇位。李隆基即位以后，“万骑”左右营与左右羽林军并称“北门四军”。开元二十七年（739），“万骑”左右营正式改为左右龙武军，以陈玄礼为大将军。“安史之乱”后，羽林军、龙武军损失惨重，难膺宿卫宫廷重任，故唐肃宗又建立了左右神武军，至此，正式形成所谓“北衙六军”。唐代宗后，神策军崛起，取代了北衙六军，六军的宿卫功能逐渐丧失，只是在朝会时充仪仗而已。

左、右神武军出现的时间相当晚，直到唐肃宗至德二载（757）才开始设置。设置左、右神武军，是因为左、右羽林军和左、右龙武军在安史之乱中残破不堪，所以仿照左、右羽林军制度另行设置了新军。

# 第七章

# 三省之外又“三省”

## 一、秘书省

在北魏太和十七年（493）至二十三年（499），孝文帝对官僚制度进行了一系列的改革。当其时，朝中设立了尚书、门下、中书、秘书、集书、中侍中六省。其中，前三省为中央的行政机构，后三省主要服务后宫，这一制度后来被东魏至北齐沿袭了下来，又为隋唐所继承。

隋唐时代的官制被称为“三省六部”制度，但其实，隋朝初年所设立的制度被称为“五省六曹”制。五省分别是内史省、门下省、尚书省、秘书省和内侍省；六曹则是尚书省下属的吏、度支、礼、兵、都官、工六曹。后来六曹改称六部，所以也叫“五省六部”制度。唐初沿袭了隋朝制度又加以改进，设置中书省、门下省、尚书省、秘书省、殿中省、内侍省。其中中书、门下、尚书三省如前文所述，是中央的行政机构。而秘书、殿中、内侍三省则各有分工。

秘书省，是古代主持国家图书事业的中央行政机构，也是保存及整理国家藏书的主要机构。关于书籍的保存机构，其实在先秦时期就已经出现。在先秦时期，掌管图书的职责归结于史官，《汉书》中说老子曾经担任周王室的“柱下史”，所以能够博览古今典籍。可是，先秦时期的大多数书籍都已经湮没在历史长河之中，比如先秦时期的《三坟》《五典》《八索》《九丘》等。在秦始皇统一天下之后，曾经“焚书坑儒”，这也是为多数人所知的。但其实，至少“燔诗书”这件事情，是商鞅变法的一项重要内容，也从先秦一直延续到汉初。在秦统一天下之后，烧毁书籍的力度更大。但是，秦始皇并没有一味地将书籍销毁，而是将一部分正本保存在了秦皇宫之中，并由汉朝所继承，也就成为了司马谈、司马迁父子编纂《史记》的主要史料来源。

秦代以博士官执掌秘书的职责，禁止民间藏书。汉文帝时期废除了禁止藏书及焚书的法律，广开民间献书之路，设置了负责整理书籍的专门官员。汉成帝时期又命令谒者陈农向全国征求遗存书籍，于是各种经籍纷纷问世，被收藏在书府。在宫禁之外，由太常、太史、博士负责收藏，在宫内则收藏在延阁、广内、石渠三处密室。另外，由御史中丞在殿中掌管兰台图书，未央宫中的麒麟阁、天禄阁也有部分藏书。刘向、扬雄等人在宫禁之中勘校群书，称为中书。司马谈与其子司马迁作为西汉武帝时期的太史令，由于职务之便，可以接触到西汉皇宫中保存的各种史料。因为当时保存文字的主要载体是简牍，简牍很重且写不下多少字，所以书籍的传阅是非常不方便的。正因为如此，在《史记》编纂完成之后，很长一段时间是没有流传到皇宫以外的，当时的人著书之时也基本没有引用过《史记》中的记述。到了东汉时期，班氏一门班彪、班固、班昭三人共同编纂《汉书》。由于史官的身份，他们可以查阅汉皇宫中的藏书。也因此，《汉书》大幅度地原文照搬了《史记》，所以我们可以看到两书许多章节是基本一致的。

东汉是一个“风华最美，儒学最盛”的时期，也是一个学者辈出、书籍比之前代大盛的时期。也许是因为书籍日益增多，为了管理的便利，汉桓帝在延熹二年（159）首次设置了“秘书监官”，让秘书监官来掌管图书、古今文字，将图书的管理从史官的职责中分离出来。也许会有读者有疑问，东汉时期已经发明了纸张，比之简牍重量大大降低，而能够承载的文字又大大增加，怎么还会难以管理呢？这是因为虽然在这个时候已经发明了蔡侯纸，但是由于制作工序烦琐以及纸张的质量依然不高，容易碎裂，所以一般使用的还是简牍。事实上，直到两晋南北朝时期，纸张才逐步取代了简牍。甚至在新疆地区的考古发现，直到唐代还有少量简牍存在。东汉藏书地点在宫禁之内的东观。魏武帝曹操为大汉丞相时，设置了秘书令、秘书丞，来处理各尚书的报奏，兼管图书和秘密档案，这也就是中书的职责。魏文帝黄初中期，把中书从秘书分立出来，设置了秘书监和秘书令的职位，于是由散骑常侍王象管领秘书监之职，负责编撰《皇览》。魏的兰台也负责收藏图书，由御史掌管。《魏略》中记载薛夏说，兰台管理宫外，秘书管理宫内，正是指这一事实。魏文帝黄初年间，秘书隶属少府。等到王肃任秘书监时，他认为秘书即东汉东观的职任，不可以再归属少府。晋武帝时，又把秘书合并于中书。晋惠帝永平元年（291），下诏说：“秘书掌管国家经籍，校对古今的图书，而中书有自己的职务，与秘书执掌相聚太远。应该下令复另外设置秘书寺，执掌中外三阁图书。”于是开始了秘书寺的独立建制。泰始三年（267）晋令中称“秘书监官职为三品，穿绛色朝服，佩铜印、墨绶，头戴两梁进贤冠，使用水苍玉”，南朝宋、齐沿袭了这一设置。南朝梁改秘书寺为秘书省，与尚书省、中书省、门下省、集书省共称五省，秘书监俸粮增至满二千石，三品。后来制定十八班建制，秘书监为第十一班，南朝陈又沿袭了梁的制度。北魏开始时先将秘书监定为二品中，又在太和末年定为正三品。这一建制又为北齐所继承。北周春官府置有外史下大夫，掌管图书，也就是秘书监的职任。隋朝以秘书与尚书、门下、内史、内侍共为五省，秘书监为正三品。隋炀帝大业三年（607）降成从三品，又改秘书监为秘书令。唐高祖武德初年改秘书为秘书监，唐高宗龙朔二年（662）将秘书改为兰台，改秘书监为兰台太史，又在咸亨元年（670）恢复秘书监之称。光宅初年改秘书监为麟台监，神龙元年（705）又恢复旧称。

唐代秘书省设置秘书监一人，从三品；秘书少监二人，从四品上。直到隋炀帝大业三年（607），才开始设置秘书少监一人，官品为从四品，为秘书监的副职，后来又改为少令。唐初沿袭隋制，称为少监。唐高宗龙朔二年（662）改为兰台侍郎，咸亨元年（670）恢复少监旧称。光宅初年改为麟台少监，神龙初又恢复旧称。到了太极初年，又增加了一名少监，从此定员二人。在几年前热播的影视剧《长安十二时辰》之中，那位头戴幞头、身着紫袍、忠心为国的何监令人印象深刻。影视剧中何监的原型，正是自开元二十六年（738）至天宝三载（744）任秘书监的唐代著名诗人贺知章，任秘书监时被称为“贺监”。除了贺知章之外，唐初名臣魏徵也曾在贞观三年（629）担任秘书监。关于魏徵，更为人所知的是他与唐太宗李世民之间的君臣佳话。其实，历史上的魏徵经历相当丰富。他早年出身瓦岗，后来在武德元年（618）归唐，还曾劝说挚友李勣献土归唐，因此被授予太子洗马，辅佐李建成。在玄武门之变后，魏徵转仕太宗，提出“兼听则明，偏听则暗”“居安思危，戒奢以俭”，主张“薄赋敛”“轻租税”“息末敦本”“宽仁治天下”等诸多建议，并且参与修撰《群书治要》《隋书》《梁书》《陈书》《齐书》等书籍。在贞观十七年（643）去世后，获赠司空、相州都督，谥号文贞，名列凌烟阁二十四功臣第四位。魏徵不仅仅是一位政治家，更是一位文学家、思想家。担任秘书监一职，可谓实至名归。

秘书省在秘书监、秘书少监之外，还设置有秘书丞一人，官品为从五品上。如上文所述，东汉献帝建安时期，曹操即设置有秘书令及秘书二丞，处理尚书报奏之事。《三国志》记载刘劭在建安末由秘书郎转升为秘书一事，指的正是这一制度。魏文帝黄初年间，从秘书分立中书，由原秘书左丞刘放任中书监，原秘书右丞孙资任中书令，而新的秘书置丞一人，俸粮四百石。《三国志》中说：“何桢，在魏文帝时上《许都赋》，皇帝极其赞赏他，于是由公车征调为秘书郎。一月以后，到职任事，文帝问有关人员：‘我的本意是要何桢担任秘书丞的职任，为什么却让他任秘书郎呢？’主管人员被责问，于是将何桢改任为秘书丞。由于当时原任秘书丞的人还未调转，所以就任何桢为秘书右丞。”晋武帝时期把秘书合并于中书，称为中书秘书丞。晋惠帝又分置秘书丞二人。晋令称：“秘书为六品，铜印、墨绶，戴一梁进贤冠，绛朝服。”《晋书》中说：“桓石绥为秘书丞，启校四部图书。”宋和齐都设置一人，官品和礼遇与晋基本相同。梁进为五品，俸粮六百石，铜印、黄绶带。北魏设置秘书丞一人，正五品上。北周春官府置有小外史上士，类似秘书丞的职任。隋朝设置秘书丞一人，正五品。唐沿袭隋制，在唐高宗龙朔二年（662）将秘书丞改为兰台大夫，又在咸亨元年（670）恢复秘书丞的名称。光宅初年改为麟台丞，神龙年间再次恢复旧称。

其次，秘书省还设置有秘书郎四人，从六品上；校书郎八人，正九品上；正字四人，正九品下；主事一人，从九品上，另外还有令史四人、书令史九人等流外官若干。东汉末年，曹操为丞相时即设置有秘书郎，俸粮四百石。《魏起居注》中说，在魏明帝曹叡青龙年间，认为秘书丞和秘书郎的职务贴近皇帝，地位应在三台之上，尚书丞、郎之下。《三国志》中记载，王伯舆、钟会、何桢、郑默任官都从秘书郎中开始而后担任要职，郑默在秘书任中掌管内外三阁的藏书，对其繁文进行删省，清除掉浮虚污秽的内容，开始整理出皇帝秘府的所藏经籍。当时虞松任中书令，他对郑默说："从今以后，你就是身穿红色官服，佩戴紫色绶带的高级官员了。"晋令中规定"秘书郎六品，戴一梁进贤冠，绛色朝服"。《晋起居注》中说："晋武帝把秘书所藏图书分为甲、乙、丙、丁四部，委派四位秘书郎中各管一部。"《晋书》中说左太冲著《三都》名贯京师，但他认为自己见识不够广博，所以只求担任秘书郎中之职。刘宋除去“中”字直称秘书郎，《宋书》称：“王敬弘之子王恢之，被召授秘书郎之职，而王敬弘请求皇帝授给奉朝请。他写信告诉王恢之说，秘书的职位有限，所以竞争激烈，朝请的职位没有限额，所以没有那么强烈的竞争。我想让你处在无竞争的位置。”《齐书》称王僧虔、王慈早先都是知名人士，二人都是从秘书郎开始任官。南朝各代的秘书郎大多由纨绔子弟任职，南朝梁更是如此，所以当时有谚语说“上车不落则著作，体中何如则秘书”。北魏设置秘书郎四人，官品为正七品上。《魏书》中说，天安年中，高谧以功臣之子的身份被召入宫禁之中，专管秘阁之事，拜为秘书郎。他奏请皇帝准许广泛寻访收集群书，大加抄写，对京中藏书，也加以审校勘正。北齐又加了“中”字称秘书郎中，官品正七品下。隋又除去“中”字，官品正七品下。隋炀帝大业三年（607），加阶为从五品，唐朝改为从六品上。龙朔二年（662）改为兰台郎，咸亨元年（670）复旧。光宅初年改为麟台郎，神龙初又改为秘书郎。

秘书郎负责掌管四部书籍，分四库秘藏，以甲、乙、丙、丁分部。甲部为经书，共有十类：一是《易》，记载阴阳变化。据《隋书经籍志》记载，《易》类共有《归藏》等六十九部五百五十一卷；二是《书》，记载帝王遗留下来的风范，有古文《尚书》等三十二部，二百三十七卷；三是《诗》，记载各代兴衰存亡的诵叹，有《韩诗》等三十九部，四百三十二卷；四是《礼》，记载文物体制，有《周官》等一百三十六部，一千六百二十二卷；五是《乐》，记载音乐声律，有《乐社大义》等三十二部，一百四十三卷；六是《春秋》，记载对各代政事的褒贬，有《春秋》三传等九十七部，九百八十三卷；七是《孝经》，记载孝为天经地义，有《古文孝经》等十八部，六十三卷；八是《论语》，记载先圣孔子精微言论，有《论语》及《五经异义》等七十二部，七百八十一卷；九是图纬，记载六经吉凶征兆，有《河图》等十三部，九十二卷；十是小学，记载字体及读音，有《说文》等三部，四十六卷。乙部为史书，共分十三类：一是正史，记载帝纪、传记表和志，有《史记》等六十七部，三千八十三卷；二曰古史，记载编年体系事，有《纪年》等四十四部，六百六十六卷；三是杂史，记载稗官野史，有《周书》等七十部，九百一十七卷；四是霸史，记载伪朝伪国之史，有《赵书》等二十七部，三百三十五卷；五是起居注，记载帝王的日常言行，有《穆天子传》等四十一部，一千一百八十九卷；六是旧事，记载各朝的政令制度，有《汉武故事》等二十部，四百四卷；七是职官，记载官吏的班序、品、俸等，有《汉官解话》等二十部，三百三十六卷；八是仪注，记载礼仪吉凶，有《汉旧仪》等五十九部，二千二十九卷；九是刑法，记载律、令、格、式，有《律本》等三十五部，七百一十二卷；十是杂传，记载先贤人物，有《三辅决录》等二百一十七部，一千二百八十六卷；十一是地理，记载山川郡国，有《山海经》等一百三十九部，一千四百三十三卷；十二是谱系，记载氏族祖序，有《世本》等四十一部，三百六十卷；十三是略录，记载史策条目，有《七略》等三十部，二百十四卷。丙部为子书，共分十四类：一是儒家记载仁义教化之理，有《晏子》等三十五部，三百三十六卷；二是道家，记载清静无为之道，有《鬻子》等四十二部，三百三十一卷；三是法家，记载刑法典制，有《申子》等四部，六十卷；四是名家，记载循名责实之见，有《管子》等六部，七十卷；五是墨家，记载强本节省的主张，有《墨子》等三部，七十卷；六是纵横家，记载诡辩怪异之能，有《鬼谷子》等二部，六卷；七是杂家，记载兼容众家之论，有《尉缭子》等九十七部，二千七百二十卷；八是农家，记载播种农艺，有《汜胜之书》等五部，一十九卷；九是小说，记载民间的辞诵，有《燕丹子》等二十五部，一百二十二卷；十是兵法，记载权谋制变之法，有《司马兵法》等一百四部，四百四十六卷；十一是天文，记载星辰气象，有《周髀》等九十七部，六百七十卷；十二是历数，记载推算日月运行，有《四分历》等一百部，二百六十三卷；十三是五行，记载卜占卦，有《风角占》等二百七十二部，一千二十二卷；十四是医方，记载药汤针灸，有《黄帝素问》等五十六部，四百一十卷。丁部为集书，共分三类：一是《楚辞》，记载屈原等人的诗歌，有《楚辞》等十部，二十九卷；二是别集，记载词赋杂论，有《荀况集》等四百三十七部，四千三百八十一卷；三是总集，记载文章分类，有《文章流别集》等一百七部，二千二百一十三卷。校书郎、正字负责校对经典图籍，修正文字。字体有五：一为古文，已作废不用；二为大篆，只在《石经》记载；三为小篆，在印章、旗幅和碑刻中使用；四为八分书，在《石经》碑碣上使用；五为隶书，在经典书籍、表章呈奏及各种公文、私疏中使用。诸如此类，都要由校书郎和正字来分辨谬误，以修正四库所藏的图书。

秘书省之下设置了著作局和太史局两个司，著作局设置著作郎二人，从五品上；著作佐郎四人，从六品上，另外还有书令史、校书郎、正字等属官若干。著作郎与佐郎掌管修撰碑文、祝文、祭文等事务。《续汉书》中记载兰台令史班固、傅毅，洛阳令陈宗、长陵令尹敏、司隶校尉孟冀，都曾在东观兼职著作。这时都是以其他官职兼任著作，而没有专门的著作官员。直到魏明帝太和年间，才开始设置著作郎，隶属中书省。西晋惠帝元康二年（292），皇帝下诏说：过去著作隶属于中书，而秘书又另外管理文书图籍，所以造成了职权上的混乱，理应把中书著作改为秘书著作。后来又称为著作省，但仍旧隶属秘书省。魏、晋著作郎设置一人，俗称为大著作，专管著述国史之任，或者为兼任之官。晋令规定，著作郎为六品，戴一梁进贤冠，缝色朝服。《晋书》记载陈寿作《益部耆旧传》（亦称《益都耆旧传》），受到晋武帝嘉奖，授以著作郎。张载作《阁铭》，司马炎认为其有才能，授予著作郎。孙楚由佐著作郎转升为著作郎，这些官职都被称为大著作。另外，中书监荀勖，散骑常侍干宝、虞预、徐广，给事中孙绰，游击将军伏滔，秘书监孙盛都曾经兼管著作。陈郡王隐穿着“单衣介帻（其实是当时的一种朝服）”，每月的月初月中在著作省等待帝诏，这也是著作的职任。南朝宋、齐沿袭了晋的制度，《宋书》记载何承天拜投著作佐郎，修撰国史。其时何承天年老，其他著作郎都是青年名家，所以荀伯子取笑他，经常称呼承天为奶母。南朝梁的著作俸粮六百石，官品为六品，又为南朝陈所沿袭。北魏将著作郎的官品定为正五品上，《后魏书》记载崔浩治学严谨精细，宗钦好学不倦，二人均任职著作郎。北齐著作设置二人，从五品上。北周春官府设置著作上士二人，也就是著作郎的职任。隋的著作郎曹隶属秘书省，置著作郎二人，从五品上。隋炀帝大业三年（607）增为正五品，后来又降为从五品。唐代著作局隶属秘书省，设置著作郎一人。高宗龙朔二年（662）改为司文郎中，咸亨元年（670）恢复旧称。

著作佐郎还需要负责撰修国史。《百官春秋》中说，《常道乡公咸熙百官名》中记载有佐著作郎三人。晋朝原本设置有八人，晋哀帝兴宁二年（364），大司马桓温表奏减去四人，晋孝武帝宁康元年（373）又置八人。晋令规定，佐著作郎为第六品，戴一梁进贤冠，穿绛色朝服。晋孝武帝太元四年（379）下诏说："佐著作郎由秘书监自行选拔，现今没有秘书监，则由吏部选拔，有了秘书监后仍由秘书监自行选拔。"晋朝的制度规定，著作郎初到任，必须撰写一位名臣的传记。刘宋建国之初，因为没有符合撰写条件的人，于是这一制度也就被废弃了。南朝梁著作佐郎俸粮四百石，官品为七品。南朝陈著作郎均为令、仆等高官的子嗣初任之职，品秩与梁相同。北魏正七品上，北齐正七品下。北周春官府设置著作中士四人，即是著作佐郎的职任。隋初设置八人，正七品下，隋炀帝大业三年（607）置十二人，增为从六品。唐初设置四人，高宗龙朔二年（662）改为司文郎，咸亨元年（670）恢复旧称。

太史局设置太史令二人，从五品下；太史丞二人，从七品下，另外还有令史二人，书令史四人。《左传》中称：“古时少昊用鸟名作官名，凤鸟氏，即是历正官。”颛顼帝命南正（官名）重（人名）负责天，命北正（官名）黎（人名）负责地。尧舜时由羲氏与和氏继承重和黎，负责观察记录天地四时，这些都是上古时期太史的职任。《周礼》中记载：“太史职掌建国六典，测定每年的第一个月并作出记录，定出每月的初一日并布告全国。”《左传》中所说的“皇帝有日官”，就是指太史。《汉书》中规定太史隶属太常，《茂陵书》记载司马迁之父司马谈曾任太史令之职。东汉设置太史令一人，俸粮六百石，负责观察记录天时、星历、祥瑞、妖灾，并且在每年年终奏报新的年历以供施行，这一制度为曹魏所沿袭。晋朝太史令官品为七品，俸粮六百石，佩戴铜印和墨色绶带，头戴一梁进贤冠，穿绛色朝服。东晋时，侍中高莹、义熙太守陈卓、殿中侍御史吴道欣，都曾兼任太史。南朝宋、齐、梁、陈都同晋制，北魏、北齐也与晋制相同。北周的春官府置有太史中大夫一人，负责历法。隋初秘书省太史曹置有太史令二人，官品从七品下。隋炀帝大业三年（607），将太史曹改为太史监，并且把太史令的官阶晋升为从五品。唐初沿袭隋制，但把太史监改为太史局。高宗龙朔二年（662），把太史局改为秘书阁局，把令改为秘阁郎中，又在咸亨元年（670）复旧。武周久视元年（700）改名为浑天监，不再隶属麟台，并且将令改为监，设置一人，加阶为正五品上，同时又加置了副监及丞、主簿、府、史等职员，同年又改浑天监为浑仪监。长安二年（702）又改浑仪监为太史局，仍隶属麟台，改监为令，设置二人，以前根据置监而设的府、史等官员一并废除。景龙二年（708），又改太史局为太史监，但未改令的名称，又不隶属秘书。开元二年（714），又改令为监。开元三年（715），加阶为从四品下，把太史令中的一人改为少监。开元十四年（726），又改太史监为太史局，设太史令二人，隶属于秘书省。

太史令负责观察天文，测定历数。古代的天文数术，是一种所谓的“帝王秘术”，普通人没有学习的资格。自从西汉公羊学巨匠董仲舒确立了天人感应说之后，天象就彻底和人间的帝王将相联系到了一起。由于观测天文并占卜吉凶属于“窥探天机”，故而不能由绝大多数人掌握，只能由太史代代家传。凡是日月星辰的变化、风云气色的非正常现象，太史令都要率领其下属有关吏员根据天象的变化来预测吉凶。太史局的下属有司历、灵台郎、挈壶正。凡是属于观察天象的器物、天文图书，不属职任者，都不得参与。观生不准阅读占卜之书，见到祥瑞灾异，都要密封奏报皇帝，不准泄密，否则要处以刑罚。每季要记录所见的灾异祥瑞，报送门下、中书省记入起居注中并进行年终总结记录，一起封送史馆。另外，每年还要预造来年的历书颁发全国。

## 二、殿中省

殿中省，是宫中负责照顾皇帝衣食起居的部门。既然是在宫中负责皇帝的衣食起居，关系到皇帝的身家性命，故而在这个部门中任职的必然是皇帝信得过的人。而众所周知，皇帝最信得过的人，不是皇后皇妃等女性，也不是大臣，而是与皇帝朝夕相处、费尽心机让皇帝开心的宦官。殿中省的首领为殿中监和殿中少监，殿中监又在唐高宗龙朔二年（662）改名为中御府，以宦官充任监和少监。但是，殿中监之中并非全部都是宦官。殿中监除了要服侍皇帝的饮食起居，皇帝或后宫生病了需要医生看病，出门需要乘车，这些都需要相当专业的人士来进行管理。另外，还有一部分官员勋贵的子弟，甚至皇亲国戚，也会被安排到殿中省任职。总而言之，能够在殿中省内任职的官员，要么是皇帝相当信任的人，要么就是具有高度专业性的人才。

殿中省是一个相当庞大的部门，省内设置监一人、少监二人、丞二人、主事二人、令史四人、书令史十二人、亭长八人、掌固八人。下辖有六局，分别是尚食局，设置奉御二人、直长五人、书令史二人、书吏四人、食医八人、主食十六人、主膳七百人、掌固八人；尚药局，设置奉御二人、直长四人、书令史二人、书吏四人、侍御医四人、主药十二人、药童三十人、司医四人、医佐八人、按摩师四人、咒禁师四人、合口脂匠二人、掌固四人；尚衣局置设奉御二人、直长四人、书令史三人、书吏四人、主衣十六人、掌固四人；尚舍局设置奉御二人、直长六人、书令史三人、书吏七人、掌固十人、幕士八千人；尚乘局设置奉御二人、直长十人、书令史六人、书吏十四人、奉乘十八人、习驭五百人、掌闲五千人、进马六人、司库一人、司廪二人、典事五人、兽医七十人、掌固四人；尚辇局设置奉御二人、直长四人、书令史二人、书吏四人、掌扇六十人、掌翰三十人、掌辇二人、主辇四十二人，奉举十五人、掌固六人，共一万四千七百四十四人。

殿中省设置首脑为殿中监一人，从三品。三国曹魏开始设置殿中监，官品为七品，并为晋、宋所沿袭。南朝齐设置内殿中监八人、外殿中监八人。南朝梁初建国，在流内十八班、流外七班之外，另外设置了九品蕴位和九品勋位，殿中外监为三品蕴位，殿中内监为三品勋位。陈沿梁制，殿中监的官阶相当低微。北魏殿中监为从五品下，官位有一定的提高。北齐有殿中监四人属门下省，职掌皇帝车驾前奉引等事，皇帝行耕田礼仪则负责进奉农具。隋改殿中监为殿内局，设置监二人，正六品下。隋炀帝大业三年（607），从门下省分出尚食、尚药、御府、殿内等局，又从太仆寺分出车府、骅骝等署，合并设置殿内省，置正四品殿内监、从四品少监、从五品丞各一人，职掌各类供奉相关的事务。又有奉车都尉十二人，职掌进奉皇帝车马。殿内省统领尚食、尚药、尚舍、尚衣、尚乘、尚辇等六局。唐初改为殿中省，高宗龙朔二年（662）改为中御府、殿中监为中御大监，咸亨元年（670）又恢复为殿中省。

殿中监职掌皇帝车乘舆辇服装的政令，统领尚食、尚药、尚衣、尚乘、尚舍、尚辇六局的属官。属官中还曾经有天藏府，于开元二十三年（735）裁减。殿中监的职责是备齐各种礼仪之需用物品，供职理事。凡是遇到朝会，则率领其属员执伞扇排列于皇帝左右两侧。凡是大祭祀，则负责在祭坛围墙之外接受并进奉大珪、镇珪等，并在礼仪结束之后负责收藏。若是皇帝出巡，则负责在仪仗队内侍奉。如皇帝游宴、省视农田，则在皇帝车右陪乘。宫禁内另外设置的闲厩使，其职务大多是分理殿中省及太仆寺的职任。但有关乘舆、车马等事，闲厩使只负责禁内，殿中监则负责禁外，游宴侍奉，闲厩使则不参与。如遇元正、冬至大朝会，殿中监、少监负责跪进酒器。皇帝服用药汤时，殿中监须监视制作并先品尝。

尚食局。奉御二人，正五品下。《周礼》天官属员有膳夫、内饔。秦置尚冠、尚衣、尚食、尚沐、尚席、尚书六尚，其中就有尚食。曹魏冯翊解释说主管天子的物品称为尚。汉沿秦制，后来把尚食的职任并入太官和汤官的职务内。至北齐，门下省统领六局，其中的尚食局置典御二人、丞四人、监四人。另外又有集书省统领三局，其中的中尚食局设置典御二人、监四人，品阶与尚食局同。北周置有内膳上士二人、中士四人，凡是向皇帝进奉食品必须先行尝试。至隋开皇初，仍由门下省统领尚食局，置典御二人、直长四人、食医四人。炀帝大业三年（607）尚食局分属殿内，改典御为奉御二人，正五品。唐沿隋炀帝之制，龙朔二年（662）改为奉御大夫，咸亨元年（670）复为尚食奉御。

尚食局奉御职掌供奉天子的平常膳食，负责掌握四时的禁忌，调和五味使其恰到好处，四时禁为春肝、夏心、秋肺，冬肾，还有每季的最后一个月为脾，每逢其季，禁物不可食。五味为酸、咸、甘，苦、辛。当奉进之物，必须亲自先行尝试。全国各州进贡的甘滋珍异，都要分清名称数目，谨慎储存以保供应。凡遇元正及冬至大朝会宴飨百官，奉御与光禄共同负责根据各官的品秩来分别等级进行供给，如果赐宴王公以下官吏及外宾也要同样安排。如果各陵供祭先祖，则负责在陵所在之地巡视供膳。各陵须要供食，每陵分别由殿中省主膳三人轮流值班，每季差官吏至陵所监察，在陵所造膳供祭。

尚药局。奉御二人，正五品下。从梁、陈至北魏，都由太医兼担任奉御。北齐门下省统领尚药局，尚药局设置有典御二人、侍御医四人、尚药监四人，总管皇帝医药之事。另外，集书省统领的三局中，有中尚药局，设置典御二人、丞二人、中谒者仆射二人，总管皇宫内医药之事。隋朝门下省统领尚药局，设置典御二人，正五品下；侍御医四人，正七品上；直长四人，正七品下；医师四十人。炀帝大业三年（607），尚药局改属殿内省，改典御为奉御，唐沿其制。龙朔二年（662）改奉御为奉医大夫，咸亨元年（670）复为奉御。

尚药奉御掌管皇帝生病的诊断和用药事宜。药分上、中、下三品，上品为君药，应天之性养人之命；中品为臣药，应人之性养人之命；下品为佐药，应地之性治疗疾病。用药必须协调君、臣、佐，并使之相互制约。合和药物必须恰当运用一君、三臣、九佐的方剂原则，并严格掌握分别五味、三性、七情的合剂大法。五味指酸、咸、甘、苦、辛，酸属肝，咸属肾，甘属脾，苦属心，辛属肺，五味分属五脏。三性指寒性、温性、平性。七情指单行、相须、相使、相畏、相恶、相反、相杀。药剂分四种形态，分别是汤药、丸药、膏药、散剂，根据病情的急缓深浅量情服用。诊脉分寸、关、尺三部，又分四时之浮、沉、滑、涩等类，相互参照以定生病的部位与深浅。病在胸膈，要先进食而后服药；病在心腹，则先服药而后进食。调和皇帝用的药物，奉御必须与殿中监共同负责监视药的方剂构成，药煎制完成以后，先品尝然后进奉。合药供皇帝使用，门下、中书两省有关的司必须各派长官一员，正在当班的大将军也须派一人，与中监、尚药奉御共同监视。药制成后，医佐先尝，然后加印密封。写出处方，在处方后注明年、月、日，监制药的官吏在偏旁签名，然后才能呈奉皇帝。皇帝服药之日，尚药奉御先尝，然后殿中监尝，此后皇太子尝，最后进奉。

尚衣局。奉御二人，从五品上。《周礼》有司服中士二人，掌管王的吉礼服和凶礼服，分辨各种衣服的名称及其用途。战国时期各国多置尚衣、尚冠的职任。秦汉在少府的属官中置有御府令、御府丞，掌管皇帝穿着的衣服。后汉又置掌宦者，主管令官奴婢缝制皇帝衣服及进行缝洗等工作。西晋掌宦者属光禄勋，东晋裁撤其职。刘宋大明年间，把尚方改为左、右御府，各置令一人、丞一人。后刘宋废帝初期，裁撤了御府，另置中署，隶属右尚方。以后又设置御府，在南齐时被高祖裁撤，齐文帝又再次设置。刘宋定御府为三品勋位，宋明帝改为二品，相当南台的御史，掌管金银、彩帛等各种物品，以供奉皇帝，同时也负责帝妃、公主等六宫的供应。南朝梁、陈不设御府，其职任归属尚方。北魏置掌服郎，从六品上。北齐有主衣局都统二人、子统二人，归门下省统领。北周仿《周礼》设置有司服上士二人、中士二人。隋初在门下省置御府局监二人，炀帝大业三年（607）改御府局归殿内省，后来又改御府局为尚衣局，唐沿此制。龙朔二年（662）改为奉冕大夫，咸亨元年（670）复旧。

尚衣局奉御职掌供奉皇帝的衣服，并制定细则，分辨各种衣帽的名称数目，按照不同的用途随时进奉御用。皇帝冕服共有十三类，一称大裘冕，二称衮冕，三称鷩冕，四称毳冕，五称絺冕，六称玄冕，七称通天冠，八称武弁，九称弁服，十称黑介帻，十一称白纱帽，十二称平巾帻，十三称翼善冠。

大裘冕的形制是，冠上不设置垂下的玉珠串，冠盖宽八寸，长一尺六寸，带赤黑色面花条里子。冠饰以金，玉发簪，冠带为丝织带，色同绶带。皮衣用黑色羔羊皮制作，赤黑色衣领、袖端、交领前幅边。红色下衣，白纱近身单衣，黑色领，青色袖端、青色衣边缘、青色前襟。革带，玉带钩，大带韨，索色红里，面子镶边，上红下绿，纽用织带。剑首以玉作辘铲形饰，剑鞘末端作火珠之饰，再饰以白玉双佩。赤黑色织制双大绶带，六彩色，即黑、黄、红、白、青、绿，长二丈四尺，宽一尺。小双绶带，长二尺六寸，色同大绶带，间施三玉环红色袜，红色鞋。皇帝祭祀天地时穿戴。

衮冕的形制是，冠盖垂白玉珠十二串，丝织冠带，色同绶带，黄絮色玉充耳，玉发簪。赤黑色上衣，绛色下衣，衣为十二章，上衣八章，分别是日、月、星辰、龙、山、华虫、火、宗彝；下衣四章，分别是藻、粉米、斧形黑白相间纹、亚字形黑青相间纹；上衣袖端、衣领为升龙图，都是织成后缝补。龙、山以下，每章一行，每行十二图，用行分章分等；白纱切身单衣，斧形图衣领，青色袖端、绣边、前襟、蔽膝；革带、大带、剑、玉、绶带、袜同大裘冕，鞋加金饰。供祭祖庙及在祖庙派遣上将、征战还朝、在庙庆贺、皇帝即位、加冠、纳皇后以及元正受朝贺、亲自降阶册封王公等礼时穿戴。

鷩冕，七章服，三章在上衣，分别是华虫、火、宗彝；四章在下衣，分别是藻、粉米、黼、黻，其他同衮冕。接见外国君主时穿戴。

毳冕，五章服，上衣一章，是为粉米；下衣二章，分别是黼和黻，其他同鷩冕。祭海和五岳时穿戴。

絺冕，三章服，上衣一章，是为粉米；下衣二章，分别是黼和黻，其他同鷩冕。祭社稷、帝社时穿戴。

玄冕服，上衣无章，下衣一章，是为刺绣形纹。其他同鷩冕。腊月祭百神、太阳神、月亮神时穿戴。

通天冠，加金博山，附蝉十二头，垂翠绿玉珠，黑头巾，发带结垂翠绿色，玉簪同犀角色；绛色纱袍，白纱切身衣，红领、红绣边，白色短衣。绛色纱蔽膝、白假带、方心曲领，其他如革带、剑、珮、绶带与衮冕同。白袜，黑鞋。如皇帝尚未加冠，则梳双童髻，空顶黑头巾，双玉簪，加宝饰。各种祭祀还朝及冬至受朝、元正朝会、冬至朝会时穿戴。

武弁，金附蝉，平巾帻，其他同通天冠。皇帝讲武、出征、四时狩猎、大射、兵祭、祭天、祭社、祭祖、罚社、纂严（军队集结，也就是阅兵）时穿戴。

弁服，帽子用鹿皮制作。垂十二颗美玉珠，用白玉珠制作。绛色纱上衣、素色下衣、革带、白玉双珮、皮带囊、小绶、白袜、乌皮革履。朔日受朝贺时穿戴。

黑介帻，白纱切身衣、白短裙衫、革带、素色袜、乌皮革履。拜陵时穿戴。

白纱帽，也称乌纱帽。白短裙衫、白袜、乌皮革履。平常上朝听报及宴请会见宾客时穿戴。

平巾帻，以黄金珠宝进行装饰。簪、冠支皆用玉，紫色夹衣，也用白色。白色裤、玉装剑首、珍宝钿带，著靴子。皇帝骑马时穿戴。

翼善冠，穿常服及白练裙衫。

以上均属古代服饰之制，皇帝理事和会见宾客穿戴，自隋文帝制作拓黄色袍及黄巾、黄带着装上朝。天子之大圭称珽，长三尺，镇圭长一尺二寸。如供祭郊庙、社稷，则从大内请出。临供祭时，送至祭坛围墙中门，奉御先将镇圭送交殿中监，再由殿中监奉交皇帝。祭祀礼毕，又负责将镇圭交由大内保存。凡遇大朝会，奉御负责设置御案，朝会结束之后撤去。

尚舍局。奉御二人，从五品上。《周礼》置有尚舍之职，主管国君行幸停留之处的帷、帐、篷、小帐的相关事务。汉少府的属官中有守宫令、守宫丞，掌管官殿的陈设。曹魏殿中监掌管帐幕陈设及监护之职。晋、宋以后，掌帐设之职都在殿中监的职责范围之内。隋炀帝置殿内省，改殿内局为尚舍局，置奉御二人，正五品。唐沿隋炀帝之制，龙朔二年（662）改为奉扆大夫，咸亨元年（670）复旧。

尚舍奉御职掌殿庭的帐幕陈设，供奉沐浴汤水，洒扫擦洗保持殿庭整洁。凡是皇帝大驾巡行，要预设三部帐幕。帐幕分古帐、大帐、次帐、小次帐、小帐，共五等。古帐八十连，高二丈，长宽二丈五尺，前有五个梁，后有七个梁。大帐六十连，高一丈五尺，长宽二丈，前有四梁。次帐四十连，高一丈三尺，长宽一丈五尺，前有三梁。古帐、大帐、次帐三帐用红色蜡涂装骨梁，大红色绸绫，浮游作为里面的装饰。小次帐三十连，高一丈一尺，长宽一丈二尺。小帐二十连，高八尺，长宽九尺。五等帐每等各三座，所以称作三部帐幕。帐都由黑毡做表面，红绫做里，下设紫帷垂露的方座，金铜行床，垂挂竹帘。各种帐内外又分等设六柱、四柱、三柱，等同围墙，都以青粗绸为面，红帛做里。在三部帐幕之外设置排城作遮挡保卫，排城是用木板连接而成，每块板上都画上驱邪猛兽，表里都以油漆涂刷。供奉皇帝沐浴之汤水，要先检查是否符合清洁芳香、温凉适度的要求，然后奉进。凡是大祭祀，在郊外祭坛行礼，奉御则预先在祭坛的东南方向因地制宜设置行宫。在祭祀之前三日，则在祭坛低围墙东门外道路之北设置祭祀排次座位，将皇帝的御座面南而置。如在明堂及太庙行礼，则在东门设置座次，其制同郊坛。凡遇皇帝致斋，则在正殿西旁及室内设置四面合如屋宇的帐幕，一律向东，张在堂前的屋柱之下。凡元正、冬至大朝会，负责在正殿设置屏风等物。设置无顶无框的小床及熏炉。如初一、十五小朝会则在正殿设置帐幕，帐幕裙围顶带长宽一丈四尺。

尚乘局。奉御二人，从五品上。自秦汉以来，尚乘局率御之职都设在太仆寺。北齐太仆寺骅骝署有奉乘十人，管理十二马栏的马。隋炀帝采纳其制，置尚乘局。唐沿隋制，置尚乘局，设置奉御四人。一人管左六栏马；一人管右六栏马；一人管草料和饲养丁夫的计划配给，并掌管审计收支费用等事；一人管马鞍、笼头、缉绳，调度用马供应以及医马的药物和饲料等事。龙朔二年（662）改奉御为奉驾大夫，咸亨元年（670）复为奉御，开元二十三年（735）减去二人。尚乘原本是专门置的闲厩使，但仍属殿中。

尚乘局奉御掌管内外各栏的马匹，将它们分别优劣，率领习驭。所谓的六栏，一名飞黄栏，二名吉良栏，三名龙媒栏，四名騊駼栏，五名駃騠栏，六名天苑栏。六栏又分左、右，共十二栏，分为二厩：一名祥麟厩，二名凤苑厩，拴系饲养马匹。皇宫禁内有飞龙、祥麟、凤苑、鹓鸾、吉良、六群等六厩，分为奔星、内驹两栏；禁外有左飞、右飞、左万、右万等四栏，分东南内、西南内两厩。凡属皇帝用马必须谨慎使用，除非因为训练调习，否则不得鞭打。各栏的上等精良马如需训练调习，只可在厩内乘骑，不准越出厩栏范围。调习训练进奉皇帝用马，出入禁止均有定制。陇右道各牧监使每年应选精良马五十匹进奉，祥麟、凤苑厩所需的杂役马也要每年选一百匹粗壮结实的马，与精良马一同奉进。另外，各牧监使还须预选十匹粗壮结实的马专门放牧，以备随时选充殿中省需要的马匹。供马的饲料，依时节而有区别。春、秋季每日供给秸秆草一围、谷子一斗、盐二合；秋、夏季每日给青草一围、谷子五升。外地牧奉进良马，须在马身的一定部位印"三花""飞""风"的字样作为标志。送尚乘局的精良马和稍次一等的次马，在马尾侧旁分别左栏和右栏印上"三花"。其余杂等马，在左肩处印上"风"字，在左大腿部印上"飞"字。

尚辇局，设置奉御二人，从五品上。《周礼》记载有小司徒中大夫二人，负责君王用的六畜和车辇。巾车下大夫二人，负责王、后用的五辂、推挽辇车的织带、车盖鸟羽等物。古代称畜拉为车，人牵为辇。春秋时南官宋万牵挽其母所乘之车称为辇其母，就是说明车和辇的区别。秦始皇把车轮去掉成为人抬轿称作舆，汉代的辇、舆逐渐成为人君的专用车具。东汉发展为六辇之制。魏、晋皇帝小出巡乘辇，东晋偏安江南以后失传。晋太元中，丞相谢安遵循其义而设计作辇，等到击破前秦苻坚获得秦辇，其形制、大小与谢安设计制作的辇几乎完全一致，使当时人们惊叹不已。刘宋武帝俘杀慕容超，获装有金钲乐器的辇。古代的辇车，大都以六尺为标准。齐武帝制造大、小两种，雕刻精细，车辕下横都有金花银兽作为装饰。南梁的大辇方八尺，左、右开了四个望窗，以金鸾饰辕。隋有六辇，行大礼仪时乘坐。秦、汉、魏、西晋都由太仆的属官车府令主管奉御之职，东晋裁减了太仆，其职任改为隶属尚书驾部。宋、齐、梁、陈的车府乘黄令、乘黄丞掌管此职，北魏、北齐则由乘黄令和车府令兼管。北周由司车辂掌管，隋初又由乘黄令和车府令兼管。炀帝开始置殿内省尚辇局奉御二人，正五品。唐沿袭，又改为从五品上。龙朔二年（662）改为奉辇大夫，咸亨元年（670）复为奉御。

尚辇局奉御掌管皇帝的舆辇、伞扇等事，分清次位，明其名目及用数。凡是大朝会则负责将舆辇、伞扇陈设在庭，大祭祀则负责陈设在庙堂。辇有七种，一名大凤辇，二名大芳辇，三名仙游辇，四名小轻辇，五名芳亭辇，六名大玉辇，七名小玉辇。舆有三种，一名五色舆，二名常平舆，其用途和七辇之制相同。三名腰舆，为平常乘坐的轿子。凡遇大朝会及大祭祀，皆由大内供出，礼毕之后，再送进大内收藏。伞扇之制是，大朝会使用伞二、扇一，陈设在殿庭。扇一是指在殿庭左右，分别立孔雀扇一百五十六部。唐初扇用长尾雉鸡尾制成，开元初年改为刺绣孔雀而省去翟尾。如果是平常听朝理事，均省去众扇，左、右各只留三部，作为礼仪。《古今注》中认为，车为黄帝始创。黄帝当年与蚩尤战于野，有五色云气和金枝玉叶停留在黄帝的头顶上，而生华丽之象，所以就据其象而作华盖。《通俗文》中认为，张开丝帛用以避雨称为伞。《古今注》认为雉鸡尾扇始于商代，武丁以鸡叫主吉祥，所以服章多用雉鸡尾羽。周制认为王后、夫人的车服，轿辇有大掌扇，即用雉鸡尾羽编织而成，用以遮挡风尘。

## 三、内侍省

辅佐皇后治理女政的内官，置惠妃、丽妃、华妃各一人，淑仪、德仪、贤仪、顺仪、婉仪、芳仪各一人，美人四人，才人七人。管理宫内总务的宫官，置尚宫二人，下隶司记二人，典记二人，掌记二人，女史六人；司言二人，典言二人，掌言二人，女史四人；司簿二人，典簿二人，掌簿二人，女史六人；司闱六人，典闱六人，掌闱六人，女史四人。置尚仪二人，下隶司籍二人，典籍二人，掌籍二人，女史十人；司乐四人，典乐四人，掌乐四人，女史二人；司宾二人，典宾二人，掌宾二人，女史二人；司赞二人，典赞二人，掌赞二人，女史二人，彤史二人。置尚服二人，下隶司宝二人，典宝二人，掌宝二人，女史四人；司衣二人，典衣二人，掌衣二人，女史四人；司饰二人，典饰二人，掌饰二人，女史二人；司仗二人，典仗二人，掌仗二人，女史二人。置尚食二人，下隶司膳四人，典膳四人，掌膳四人，女史四人；司酝二人，典酝二人，掌酝二人，女史二人；司药二人，典药二人，掌药二人，女史四人；司饎二人，典饎二人，掌饎二人，女史四人。置尚寝二人，下隶司设二人，典设二人，掌设二人，女史四人；司舆二人，典舆二人，掌舆二人，女史二人；司苑二人，典苑二人，掌苑二人，女史二人；司灯二人，典灯二人，掌灯二人，女史二人。置尚功二人，下隶司制二人，典制二人，掌制二人，女史四人；司珍二人，典珍二人，掌珍二人，女史六人；司彩二人，典彩二人，掌彩二人，女史六人；司计二人，典计二人，掌计二人，女史四人；宫正一人，司正二人，典正四人，女史四人。

掌管宫廷内部事务的宦官内侍省，置内侍四人，内常侍六人，内给事八人，主事二人，令史八人，书令史十六人；置内谒者，监六人，内谒者十二人，内典引十八人，内寺伯二人，寺人六人，亭长六人，掌固八人；置掖庭局，令二人，丞三人，书令史四人，书史八人，计史二人，宫教博士二人，监作四人，典事十人，掌固四人；置宫闱局，令二人，丞二人，书令史三人，书史六人，内阍人二十人，内掌扇十六人，内给使不定员数，掌固四人；置奚官局，令二人，丞二人，书令史三人，书吏六人，典事四人，掌固四人；置内仆局，令二人，丞二人，书令史二人，书吏四人，驾士一百四十人，典事八人，掌固八人；置内府局，令二人，丞二人，书令史二人，书吏四人，典事六人，掌固四人。内官、宫官、内侍省共七百零六人。

关于内官，《春秋左氏传》中说，内官不用帝同姓之族。杜预认为，内官即妃嫔。《周礼》置有夫人、嫔、世妇、女妃之职位，管理全国的女性。汉魏以来，虽有名称及职位，但大多未尽置完备。隋依照《周礼》之制而全置各职，共有夫人、嫔、婕妤、美人、才人、宝林、御女、采女等，足有一百二十位。皇宫中又置有尚宫、尚仪、尚服、尚食、尚寝、尚工六尚局，机构完备，称作宫官。唐沿隋制，到了唐玄宗开元年间，为避免因沉迷女色而耽误国事，所以裁减了内官，而仍保留了六尚。

妃三人，正一品。三妃即《周礼》三夫人之位。传说上古时期帝立四妃，来象征后妃四星。其中最明亮的一颗，即后之星。到了虞舜的时候，不立正后，并立三妃，称三夫人。从夏、商以后，又有立三妃之制，视为三公之位。虽说属于古代之体制，名称人数也颇繁冗。隋依《周礼》之制，立三夫人。唐依照古代体制，而立四妃，分别是贵妃、淑妃、德妃、贤妃。唐玄宗以为所谓后妃四星中包括了皇后，既然有了后位，又立四妃，是不符合星象所含之意的，因而裁减了嫔妇、女御之名数，改立三妃、六仪、美人、才人四等职位，共二十人，完备内官之制。三妃分别是惠妃、丽妃、华妃。其职任为负责妇德、妇容、妇言、妇功四德，有能够坐而论礼之人则进而立之，无有其人则缺位不置。三夫人辅佐皇后，为坐而论妇礼之官。在宫内统领一切，不能以一种职名概括其全部职务。

六仪六人，正二品。六仪即《周礼》九嫔之位，夏禹之后根据三夫人按三三而九之数增加，立九嫔之位。汉武帝时期，才开始立婕妤、娙娥、容华、充衣，但不足九数，列为嫔妃序列之中，北魏孝文帝改定为内官。隋依《周礼》，立全名次，唐初沿袭隋制。唐玄宗改为六仪，完备内官体制。六仪掌管教导九嫔四德，率其所属唱赞导引皇后的礼仪。六仪分别是淑仪、德仪、贤仪、顺仪、婉仪、芳仪。

美人四人，正三品，即《周礼》中所说的二十七世妇。殷商根据九嫔按三九二十七倍数增立，列二十七世妇之位。其制增减变化，各代均无固定的模式。西汉列为十四等，东汉的贵人、才人虽有位号，但不列入世妇之位。隋依《周礼》，立婕妤等二十七人，唐初沿袭隋制。美人掌管率领各类女官掌管祭祀和宾客的事务。

才人七人，正四品，即《周礼》八十一女御之位。周时根据二十七世妇按三倍增加，立八十一女御。隋依《周礼》，立宝林、御女、采女等，唐初沿袭隋制。才人掌管宴会寝室之班序，治理丝麻，贡献每年之女红。

所谓的宫官,《周礼》记载世妇之宫官，每官置卿二人、下大夫四人、中士八人、女府二人、女史二人。郑玄认为，世妇，是后宫之官。王后六宫中的女府、女史、女奴有才智的人均可为世妇。《魏略》记载魏明帝游欢饮宴于后宫，选宫中知书达理并忠诚可信者任女尚书，处理表奏之事。晋令之制有崇德殿大监、尚衣尚食大监，均佩戴银质印章、苍白色绶带，秩二千石。崇华殿大监、元华殿食监、都监、上监，佩戴铜印、墨色绶带，秩千石。而女史、贤人、恭人、中使、大使，佩戴碧纶绶带。宋明帝重视后宫，凡是外置官职，宫内也相应设置官职。北魏、北周也仿刘宋之体制，隋文帝设置六尚、六司、六典职掌宫官，六尚比照从九品，六司比照勋品，六典比照流外二品，品秩都不高。炀帝改置六尚局，其职掌与文帝之六尚大致相同，但提高了其品秩。一是尚官局，领司言司，负责宣传启奏；又领司薄司，负责名册计数；又领司正司，负责制度纪律及处罚条例；又领司闱司，负责各门阁锁钥。二是尚仪局，领司籍司，负责经史教授学习；又领司乐司，负责音乐；又领司宾司，负责宾客；又领司赞司，负责赞相及导引。三是尚服局，领司玺司，负责玉印、符节；又领司衣司，负责宫内衣服；又领司饰司，负责浴汤、巾帕、玩戏物品等；又领司仗司，负责仪仗保卫。四是尚食局，领司膳司，负责膳食菜肴；又领司酝司，负责酒酿、酱醋；又领司药司，负责医疗、巫术及药剂；又领司饎司，负责肉食、饮食、柴炭。五是尚寝局，领司设司，负责床席、帷帐、陈设、洒扫；又领司舆司，负责舆、辇、扇、伞，执持羽仪；又领司苑司，负责园圃种植，菜蔬、瓜果；又领司灯司，负责灯火。六是尚工局，领司制司，负责营造、裁缝；又领司宝司，负责金玉宝器、钱货；又领司彩司，负责丝织品；又领司织司，负责纺织染色。六尚十二人，从五品；各司，共二十八人，从六品；典，二十八人，从七品；掌，二十八人，从九品；女史，流外，根据事务多少而置，多者十人。唐宫官大多依照隋制。

尚宫职掌中宫导引，总领司记、司言、司簿、司闱四司之全体属员。所有六尚局的文档收发，都由尚宫签发盖印。六尚局如果有需要的物品，由宫外主管该物品的司依敕命签发证件，由尚宫画押加印，记录在案，抄写副件，交付内侍省接受证件，由内侍省移交外司。除尚宫局外，其他五尚局的印章只限在本司及宫内行用，不得行用于宫外。

司记掌管印章，所有宫内各司的文件须出入宫禁时必须登记在案，并负责审查后加印。典记、掌记辅佐司记，女史掌管文书收发交送。司言掌管宣传圣旨和启奏之事。凡皇帝有旨处理某事，承办人向司言宣旨并办理交付敕旨的手续，承办人与司言共同签字，记在册上，另抄一本交付门司传出宫外。如果外司有事启奏，承办人奏报皇帝。若有处理的圣旨，即传交外司，也同前登记并记录旨意，由承办人与司言共同签字。司簿掌管宫官人的名册和仓库赐赏物品之事。司闱掌管各宫的锁钥。

尚仪局负责掌管宫内礼仪和举止，总领司籍、司乐、司宾、司赞四司的宫官。司籍掌管教授四部经典书籍，管理笔纸、桌椅等事。司乐负责率领乐人练习音乐、陈设钟、击敲乐器和乐队进退之法。司宾负责宾客朝见及宴会赏赐之事。司赞负责朝见和宴会的赞相礼仪之事。朝会时，可导引宾客立在庭，可依谕旨赐座，司赞导引升席。

尚服局，《周礼》中记载，宫内司服负责王后的六服，即袆衣、褕翟、阙翟、鞠衣、展衣、禒衣、素纱。《续汉志》中记载，皇后进见祖庙时的服饰为：上衣天青色，下裳黑色；亲蚕时的服饰为：上衣青色、下裳青白色；这两种衣服皆为深色，隐领、袖缘均用织带作边。头饰为假髻、步摇和簪针耳饰。步摇用黄金制作金端提，用白色珠串成桂枝形绞结。八爵、九华，熊、虎、赤罴、天鹿、辟邪、南山丰大特（南山的丰大特，传说居于丰水中的大公牛神）六兽。各爵、兽都用翡翠作毛羽。金端提，以白朱耳饰环绕，用翡翠作华。绶带、玉佩同乘舆之制。魏、晋、宋、齐、梁、陈与汉制大致相同。北魏、北齐皇后的印玺、绶带、佩玉同乘舆，假髻，步摇，十二钿，八爵，九华。皇后助祭、朝会时服祎衣，郊祀、求子祭神服褕翟，小宴服阙翟，亲蚕服鞠衣，视见皇帝服展衣，宴居服褖衣，都用小围裙、织成边带。北周皇后衣服分十二等。翟衣六等，从祀、郊祀、求子祭，供祭先皇，服翚衣；祭阴社，受命妇朝贺，服褕衣；献蚕，服鷩衣；采桑，服鳪衣，即雉衣；听女教，服鹎衣，即白雉衣；归故省亲，服䴙衣，衣饰飞鸟；都以鼓翼飞雉形作衣领和袖端。临妇学、宴命妇，服苍衣；春致斋、祭祀还宫，服青衣；夏致斋，祭祀还宫，服朱衣；采桑致斋，采桑还宫，服黄衣；秋致斋，祭祀还宫，服素衣；冬致斋，祭祀还宫，服玄衣；各衣的袖端、衣领均用相生之色、十二树华。隋初，皇后有十二树首饰花，唐沿隋制。

内侍四人，从四品上。《石氏星经》中说，天象中有宦者四星，在帝座之西。《周礼》机构中有内小臣、阍人、寺人，郑玄认为内小臣、阍人、寺人也就是后来所说的宦官。《诗经》中有《巷伯》篇，即寺人所作，春秋时称宦者为寺人。战国时，赵国有宦者令缪贤。《汉书》中说，少府，为秦代始置之官。其属官中有中书谒者令、丞等，各仆射署之官皆归其所属。另外又提到詹事官，职掌皇后、皇太子家内事，其属官中有中长秋、私府，所有的宦官皆归其所属。汉成帝裁减了此职，将其职责并入大长秋。另外，秦官有名为将行的官职，汉景帝改将行为大长秋。此职有时由宦官担任，有时由一般士人担任，俸粮二千石。东汉一般用宦者，职掌宣告中宫之命。凡是中宫皇后赏赐宗亲及谒见之礼关照通报，皇后出宫则随从。其属官有丞、中宫仆、谒者署令、私府署令等。另外，少府属官中有中常侍、画室署长、玉堂署长、冗从仆射、掖庭令、永巷令、御府令、祠祀令、钩盾令、暴室丞、永安丞，都是宦者。还有太后所居住的宫卿少府，职任同长秋，位在同名称的卿官之上，曹魏改其位在九卿之下。晋朝制度，有皇后则置大长秋卿，无后则不置，南朝宋、齐沿袭晋制。梁大长秋主管众宦官，处理宫内各种职务，统领中署、奚官、暴室、华林等署，陈同梁制。北魏置有大长秋，又置内侍长四人，职掌顾问、拾遗补缺、侍从应对。北齐中侍中省置有中侍中二人、中常侍四人，职掌宫门阁楼；另有长秋寺，职掌各官庭阁室，置卿一人、中尹一人，统领掖庭令、晋阳宫令、中山宫令、中宫仆令、奚官令。北周六官中有司内上士、小司内中士、巷伯中士等官，皆任职于宫内。隋在内侍省署内设置内侍二人、内常侍二人，内侍即过去的长秋，内常侍即过去的中常侍。隋炀帝大业三年（607），改内侍省为长秋监，置令一人，正四品；少令一人，从五品；丞二人，正七品；一律任用士人。与此同时，裁撤了内谒者吏员，裁减了内仆、内谒者局，长秋监只统领掖庭、宫闱、奚官三署，也一般任用士人。大业五年（609），又置内谒者吏员。唐沿用开皇之制，又置内侍省，设置内侍二人，开元时加至四人。龙朔二年（662）改为内侍监，咸亨元年（670）复为内侍省。光宅元年（684）改为司宫台，神龙元年（705）复为内侍省。宦官之贵，莫能高过此位。如果功勋卓著，也可官拜大将军，但仍兼内侍本职。

内常侍六人，正五品下。秦代置有中常侍之职，又为汉朝沿袭。头戴银制冠饰并左戴貂尾，在殿省办公，俸粮千石，一律任用士人。东汉改作一律任用宦官，职掌侍从左右，出入宫禁，赞导内外之事。东汉永平年中，开始规定员数为中常侍四人。东汉和帝年幼即位，窦宪执政，钩盾令郑众等在禁中设谋，收了窦宪的印绶，于是因功越级晋升为大长秋，封鄛乡侯。从此宦官员数增加，中常侍多至十人，并改金冠饰左貂，也就是著名的“十常侍”。邓后临朝，对中常侍委任渐大，兼领卿署，不是掖庭、永巷这些职位可比的。汉顺帝以后，中常侍之位成为国家要职之一。汉献帝末年，董卓之乱之后，各宦官署一律改用士人。北魏置有中谒者仆射等官员。到了魏太武帝，有宦者宗爱弑君之事。文明皇后临朝时，宦官用事，大官有令、有仆射，小官有卿、有守。宦官赵默为曾经任职选曹尚书，宦官张祐被封为异姓王。北齐中侍中省置有中常侍四人，职掌出入门禁。隋内侍省置有内常侍二人，炀帝改为内承奉，正五品，唐复为内常侍。

内侍之职任，为掌管宫内侍奉，出入宫门，传达制令。总领掖庭、宫闱、奚官、内仆、内府五局之属官。春末吉日，皇后在祭蚕之桑园行亲蚕之礼，于京城北郊供祭先蚕，此时内侍负责升祭坛执仪。《周礼》中提到，春中，国君诏命后率领内外命妇在北郊举行一年开始的亲蚕之礼，供祭先蚕。《续汉志》中说，每年三月，皇后率领公、卿、列侯的夫人行亲蚕之礼，在东郊祭祀先蚕。曹魏遵从《周礼》的制度，在北郊祭祀先蚕。晋武帝杨皇后在西郊亲蚕，这是遵照了汉朝的体制。刘宋孝武帝大明四年

（460），在台城西郊的白石里祭祀先蚕，设置基地的区域，置祭殿七间及蚕观庙。历经齐、梁、陈，都有此礼。北齐在京城北郊置有蚕坊，北周皇后乘翠辂，率领三妃等到祭祀先蚕的地点，用猪、羊等祭牲来祭奠先蚕西陵氏。隋朝在宫城北三里之地设置祭坛，坛高四尺。春末上巳之日，皇后服鞠衣，乘重翟，率领三夫人、九娘、内外命妇，用牛、猪、羊三牲及币礼在坛上祭先蚕，用一献礼。祭祀先蚕完毕，在坛上面向东行亲桑之礼，尚功奉进金钩，典制奉进竹筐。皇后采桑三条，各命妇按班次有的采五条，有的采九条而停。世妇从蚕母处取来切细的桑叶撒向空中，祭祀至此结束，皇后还宫。唐沿用其礼，皇后大驾出入，内侍负责夹护导引。大驾出入，应有内谒者四人、内给事二人、内常侍二人、内侍二人，一律骑马，分左、右夹护大驾。并由内侍伯二人领寺人六人，分左、右夹护重翟车。

掖庭局设置令二人，从七品下。掖庭即《诗经》中的巷伯，秦代称永巷，汉武帝改名为掖庭，置有令和丞。东汉掖庭令一人，俸粮六百石，左右丞、从丞各一人，职掌后宫贵人和众采女之事。魏晋都有掖庭令和黄门令，但不是宦者。北魏设置掖庭监，北齐设置掖庭署令、丞归长秋寺统领。隋的掖庭令和丞由内侍省统领，唐沿其制。掖庭局令掌管宫禁女工之事。管理宫人名册，负责宫人的除免和调配。负责领导宫人采桑养蚕，计算各种工作定额。

宫闱局设置令二人，从七品下。《周礼》之制置有闱人，王宫各门每门四人，掌管王宫中各门的规则，内外命妇出入宫门负责开门。隋置有宫闱令，唐沿其制。宫闱令掌管宫内侍奉，负责收发锁钥。凡遇大祭祀太庙，负责率领属员亲赴局室，供出皇后的神主安置在舆内，并同舆车一起前往太庙。供祭礼毕，负责收藏原处。宫内宦者无官品的，称内给使，亲王府的称散使。如果有官品及经解免官期满应继续任职的，应令其长上值勤。还有小给使学生五十人，小给使学生的教授博士选八品以上有技艺的散官担任。宫闱令都应掌管其名数名册，供给粮米。

奚官局设置令二人，正八品下。《周礼》规定有酒人、浆人、笾人、醢人、醯人、盐人、幂人、女祝、内司服、缝人、守祧，都是宦者的职任。他们统管一定数量的女奴、奚和奴隶。郑玄认为，上古时期，男、女被没入县官府，都被称为奴。奴中年轻有技艺才能的，称作奚。唐代的侍史、官奴婢也称作奚，即官奴婢。汉之暴室丞主管中宫妇女，有疾病则在暴室诊治，皇后、贵人有罪也在暴室服罪。梁、陈的大长秋寺统领奚官署，北齐大长秋寺统领奚官署令和丞，隋内侍省统领奚官局令和丞，唐沿袭其制度。奚官局令掌管奚奴隶的工役，宫官的品秩。凡是宫人身有疾病，则负责提供医疗药物；官人死亡，负责供给衣服。按照各个人的品、阶，在就近的佛寺、道观为其祈福。内命妇五品以上死亡，如果再无亲戚，则在其侧近处选取一同姓家庭的次子来主祭三年；如果在墓侧左近无同姓之人，则相关的司局负责在春季和秋季用一少牢之牲进行祭祀。

内仆局设置令二人，正八品下。东汉大长秋的属官中有中宫仆一人，俸粮千石，负责驾驭车马。北齐长秋寺统领中宫仆署的令和丞，隋内侍省统领内仆局的令和丞，炀帝大业三年（607）废除内仆局，唐复置内仆局。内仆令掌管皇后中宫车舆出入的导引。凡是中宫车舆出入，内仆令居于车之左，丞居于右，进行夹卫引导。皇后之车共有六种，一名重翟，皇后受册封、从皇帝祭祀、供察太庙时则乘坐该车。重翟车质青色，各末梢处均用金装饰；红色车轮，轮根为金，轮画朱牙。车厢用重翟羽毛装饰，青色油漆通身车幔，青色油漆绛红幔里，红色丝络网，绣紫色络带、紫色车幔帐。车辕横木系八铃；雕锡革制马绳十二正。马首饰金防网络，上插雉尾。红色马笼头两耳边饰，驾苍龙马。二名厌翟，皇后采桑时乘坐。厌车质赤色，以黄金装金饰各梢。车轮画红牙，车厢饰略次之雉羽。紫色油漆车幔，紫色油漆绛红色幔里，红色丝络网，红色锦络带，红色锦帷帐，其他与重翟相同，驾赤骝马。内命妇一品以下按次序乘坐。第三名翟车，归故里省亲乘坐。车质黄色，以黄金装饰各梢末。车轮画红色牙，车厢侧饰以雉羽。黄油漆通车幔，黄油漆绛黄幔里，白红锦络带，白红锦帷帐，红色丝络网，其他同重翟车，驾黄骝马。各革带缨的颜色，皆随车质黄色。四名安车，临皇帝幸时乘坐。车质红色，以黄金装饰各部。紫色油漆通车幔，紫色油漆绛红幔里，锦车帷帐，锦络带，红色丝络网，驾四马。五名四望车，皇后拜陵、吊祭时乘坐。车质红色，青油漆通车幔，青油漆绛红幔里，绸锦为帷帐，锦络带，红色丝络网，驾赤骝马。六名金根车，常行时乘坐。车质红色，紫色油漆通车幔，紫色油漆绛色幔里，锦作帷帐，锦络带，红色丝络网。《周礼》记载，王后有五辂，一是重翟，二是厌翟，三是安车，四是翟车，五是辇车。《续汉志》记载，皇后的正车驾，乘重翟车、金根车，交络帷帐；非正车驾，乘紫色毛织锦帷幕车，云架画曲车杠，涂黄金，驾三马。贵人乘油画帷幕车。《晋书·舆服志》记载皇后正车驾，乘重雉羽盖金根车，驾青骆马，青色车帷，云架画曲车杠；平常乘坐画轮车；亲蚕，乘油漆盖画云母车，驾六匹浅黑色马，以油画两辕安车为副车，又以金薄石山帷幕车和紫绛色毛织帷幕车为副车。晋令记载，三贵人车曲盖，九嫔之车直盖，都有旗幡，宋、齐、梁、陈大致相同。北魏皇后从皇帝祭祀乘金根车，亲桑乘云母车，驾四马；省亲乘紫色帷幕车，游行乘安车，吊问乘天青色毛织帷幕车，驾三马。内命妇一品乘油色红络网车，车、牛之首饰用金或银涂；二品、三品乘卷通幰车；四品乘偏幰车。北周皇后之车依据《周礼》十二等，从祭、供祭乘重翟车，祭阴社乘厌翟车，采桑乘翟车，见宾客乘翠辂，省亲乘雕辂，往道观佛寺乘篆辂，一律用锡来装饰马面，红色马笼头、两耳旁饰以金钩。五时出入乘苍辂、青辂、朱辂、黄辂、白辂、玄辂等，制度与皇帝车舆制度相同。三妃之辂分为九等：篆辂、朱辂、黄辂、玄辂、白辂等，都马带笼头，彩色马笼头两耳边饰。夏篆、夏幰、墨车、栈车、辂车，都雕饰马面，青黑色马笼头两耳边饰。三女官从朱辂以下乘，六嫔从黄辂以下乘，上媛从玄辂以下乘，下媛从夏篆以下乘。

内府局设置令二人，正八品下。汉少府属官中有内者令、内者丞。东汉长秋属官中有中宫私府令，负责中宫收藏钱币帛锦等物，同时负责裁缝衣服被褥、缝补清洗等事。北魏置有内者令，北齐中侍中省有内者丞一人。隋内侍省统领内者局令和内者丞各二人，唐代改内者局令为内府局令、丞。内府令掌管皇后中宫收藏宝货的出纳名目和数量。凡是遇到朝会，中宫在殿庭赐赠五品以上官吏绢帛、杂彩、金银器物，都由内府令负责供给。奖赐有功将官及外邦首领辞别还国，也以上述之制供给。

有唐一代，可以算是中国古代历史上宦官为祸最为剧烈的时代了。唐初时期，太宗李世民下诏内侍省不设立三品官员，最高级别的内侍长为四品官。内侍长不主外政，只管理门阁守御、廷内扫除、禀食这些宫内杂事。可是随着唐朝的发展，宦官集团也逐渐强大起来。到了武周时期，宦官人数开始增加，到了唐中宗时期，宦官中有品级的已有两千多人，其中七品以上的上千人。唐玄宗李隆基登极后，励精图治，唐朝达到了鼎盛时期，政府财用富足，玄宗又比较奢侈，不吝惜赏赐，不爱惜爵位，宦官的发展史迎来了转折点。玄宗开元、天宝年间，后宫嫔妃、婢女等女性最多时有四万多，宦官自然不甘落后，人数随之增长起来。当时有品级的宦官三千多，三品者超过千人，得到唐玄宗赏识的，动辄就封赏三品以上职位。这些宦官为皇帝、妃子到郡县中奔走，索要贡赋，成了皇族勒索地方百姓的爪牙。唐玄宗对宦官的信任还不止于此，除了做钦差，宦官还做上了监军，玄宗赋予宦官大权，监视地方节度使的一举一动，宦官拿着皇帝的令牌，颐指气使，连节度使都成了他们的手下。经过唐玄宗这样一折腾，宦官地位直线上升，这也导致了其后宦官集团的尾大不掉。

唐肃宗和唐代宗两人都是得到宦官支持才登上帝位的，而他们本身又比较懦弱，所以出现了大宦官李辅国号称“尚父”、程元振胡作非为、鱼朝恩凌驾节度使（郭子仪、李光弼等）之上等千古奇事。不过李辅国等虽然霸道，但还没有控制兵权，唐德宗时期，朱泚叛乱，德宗弃都城而逃，随身护卫者多为宦官，这让德宗感觉，只有宦官才是最可靠的。德宗返回长安后，不反省自己的错误，反而把左右神策、天威等军全都委托给宦官，另外又设置护军中尉、中护军，以宦官为首分领禁兵，自此以后，宦官成了唐廷翻手为云覆手为雨的人物。位高权重的宦官开始养门客、收养子，藩镇节度使都挤破了头与宦官结交。宦官本来都没有什么文化根基，无忠孝礼义的概念，再加上他们早晚都侍奉在皇帝左右，日久则不惧怕皇帝威仪，迷惑、谗佞，甚至废黜、毒害皇帝的事情遂频频发生。

# 第八章

# 唐代官员的管理

## 一、唐代的散官制度

在之前的章节中，我们多次提到了“散官”这个概念。所谓的“散官”，是与“职官”相对来说的。前文中我们所提到的官职均是职官，是有具体负责事务的官职，而职官必然带有相应的散官。虽然有些特殊的“行、守”情况，但是与职官之间品阶的差别不会太大。由于唐代是以散官来定官员的薪俸待遇，所以又称为“本品”。如果要简单地打个比方来方便理解的话，在今天的国家公务员这个群体之中，比如说某地级市市长，行政级别是正厅，那么他的行政级别“正厅”就是散官，而“市长”就是他具体担任的职务，也就是职官。我们今天的国家公务员行政级别有二十七级，而唐代文散官从开府仪同三司至将士郎共有二十九阶，武散官从骠骑大将军到陪戎副尉也是二十九阶。

唐代文散官由高阶至低阶分为：开府仪同三司，从一品；特进，正二品；光禄大夫，从二品；金紫光禄大夫，正三品；银青光禄大夫，从三品；正议大夫，正四品上；通议大夫，正四品下；太中大夫，从四品上；中大夫，从四品下；中散大夫，正五品上；朝议大夫，正五品下；朝请大夫，从五品上；朝散大夫，从五品下；朝议郎，正六品上；承议郎，正六品下；奉议郎，从六品上；通直郎，从六品下；朝请郎，正七品上；宣德郎，正七品下；朝散郎，从七品上；宣义郎，从七品下；给事郎，正八品上；征事郎，正八品下；承奉郎，从八品上；承务郎，从八品下；儒林郎，正九品上；登仕郎，正九品下；文林郎，从九品上将仕郎，从九品下。武散官由高阶至低阶分为：骠骑大将军，从一品；辅国大将军，正二品；镇军大将军，从二品；冠军大将军，正三品；云麾将军，从三品；忠武将军，正四品上；壮武将军，正四品下；宣威将军，从四品上；明威将军，从四品下；定远将军，正五品上；宁远将军，正五品下；游骑将军，从五品上；游击将军，从五品下；昭武校尉，正六品上；昭武副尉，正六品下；振威校尉，从六品上；振威副尉，从六品下；致果校尉，正七品上；致果副尉，正七品下；翊麾校尉，从七品上；翊麾副尉，从七品下；宣节校尉，正八品上；宣节副尉，正八品下；御武校尉，从八品上；御武副尉，从八品下；仁勇校尉，正九品上；仁勇副尉，正九品下；陪戎校尉，从九品上；陪戎副尉，从九品下。

文散官由户部司掌管他们的班、秩、品、命。所谓的班，就是指官员的次序。所谓的秩，则是官员的俸禄多少。所谓的品，与班类似，也是指官员的级别。所谓的命，就是指帝王按等级官职赐给臣下的东西，也用以指代官员等级，比如命圭（赏赐给臣子的圭形玉器）、命禾（天子所赐的嘉禾），等等。因为班、秩、品、命的意义有相当的重合部分，所以经常联系在一起说，比如班品、品秩、品命等。班品，是指根据“品”来定官员的前后次序；品秩，则是根据“品”来定官员的俸禄多少；品命，则是根据官员的等级来赏赐物品。由此可见，这里面品是最重要的，是一名官员立身的基础。

唐代在正式场合中称呼一名官员，要先散官后职官。一般来说，官员的散官与职官是相当的。比如说，六部中的吏部尚书，他的散官大概率是正三品金紫光禄大夫。那么称呼他的时候就应当是“金紫光禄大夫吏部尚书某人”。当然如前文所说，存在一些特殊的例子。如果散官品阶高于职官，比如以从二品光禄大夫的散官来担任吏部尚书这个职官，就会在吏部尚书前面加一个“行”字，称为“光禄大夫行吏部尚书”。如果是以从三品银青光禄大夫来担任吏部尚书，就会在吏部尚书前面加一个“守”字，称为“银青光禄大夫守吏部尚书”。比如《唐姚爱同墓志》中就可以看到，“故朝议大夫守绥州刺史姚府君墓志铭并序”，这就是以正五品上的朝议大夫来担任州刺史的一个例子。其实，唐代的散官制度也经历了长时间的演变。比如唐高祖武德年间颁布的《武德令》中规定，当官员所担任职事官的官品高于该官员所带散官的官品时，则解去所带散官（如果职事官官品正好比散官官品高一阶，则在职事官前加个“兼”字）。唐太宗贞观年间颁布的《贞观令》中规定，当官员所担任职事官的官品高于该官员所带散官的官品时，保留所带散官，头衔中加一个“守”字用以表明，反之则加一个“行”字。而当官员所担任职事官的官品等于该官员所带散官的官品时，则解去所带散官。当官员所担任职事官的官品正好比该官员所带散官的官品高一阶时，则解去所带散官，并在职事官前加一“兼”字用以说明。再到唐高宗永徽年间，“行、守、兼”开始产生紊乱，或加或不加，都有可能出现。所以在咸亨年间进行了补充规定，不管官员所担任职事官的官品高于该官员所带散官的官品多少，只要职事官品高于散官官品，一律保留所带散官，统一加“守”字。从此“行、守”的使用大致稳定下来。所以说，制度并不是凭空产生的，更不可能是某一个天纵英才一次成型定制出来的，而是必然经过长时间的演变。

## 二、唐代的勋与爵

唐代在散官制度之外，还设置有勋、爵。唐代勋级分十二等，最高等级是“上柱国”，最低等级是“武骑尉”，从士兵到将领都可以获得各种勋级，立功是不分级别的，只看在战斗中的表现和贡献。而获得不同勋级的人，不论官职多大，都可以享受对应品级的待遇。西魏末年，才开始以陇西郡公李讳、广陵王元欣、赵郡公李弼、河内郡公独孤信、南阳公赵贵、常山公于谨、彭城公侯莫陈崇与周太祖为八大柱国，设置十一等策勋。到了北周建德四年（575），才增加了第十二转上柱国。

唐代勋官共有十二等：十二转上柱国，比正二品；十一转为柱国，比从二品；十转为上护军，比正三品；九转为护军，比从三品；八转为上轻车都尉，比正四品；七转为轻车都尉，比从四品；六转为上骑都尉，比正五品；五转为骑都尉，比从五品；四转为骁骑尉，比正六品；三转为飞骑尉，比从六品；二转为云骑尉，比正七品；一转为武骑尉，比从七品。

如果按照常理来看，勋官的授予应是很严苛的，不是未经战争的官员能够拥有的。但是实际上，在许多官员的头衔中都可以看到勋官。甚至不只官员，普通百姓也有可能获得勋官。早在太宗贞观年间时，就开始对官员进行“泛勋”。所谓的“泛勋”，是指在举行新君即位、立太子、改元、封禅、南郊大礼等国家重要的典礼、仪式时向官员（有时甚至包括一部分官员以外的人）普遍授予勋官。另外，如贞观二十年（646）二月，太宗李世民下诏对从军征讨辽东者之中未立功的人“泛加勋官一级”，按照刘仁轨所说“凡渡辽海者皆赐勋一转”，开始大量向百姓从军者，甚至“色役人”（服色役的良、贱）授予勋官。这样一来，就使得勋官迅速贬值。再到安史之乱以后，几乎人人有勋官，已经不再适合酬谢军功了。唐初的时候，拥有勋官身份还能够拥有诸如按级获授永业田、免除部分徭役、以勋官赎罪、为自身或儿子提供入仕途径等待遇，但是在滥授勋官之后，这些待遇也就跟着消失了。

“爵”的本义就是酒器，是一种装酒的礼器。爵既然是装酒的器皿，那么自然可以用来代指酒或者饮酒。先秦时期，酒具原本有爵、觚、觯、角、散五种，《礼记》中记载“宗庙之祭，贵者献以爵，贱者献以散；尊者举觞，卑者举角”，郑玄解释说“一升曰爵，二升曰觚，三升曰觯，四升曰角，五升曰散”。可见，在这五种酒具之中，以爵这种酒具最小，却也是最为珍贵的。阎步克先生认为，爵由酒具转向代表地位尊卑的爵位过程，应当完成于西周中期。

唐代爵位共有九等：王，正一品，食邑一万户；郡王，从一品，食邑五千户；国公，从一品，食邑三千户；郡公，正二品，食邑二千户；县公，从二品，食邑一千五百户；县侯，从三品，食邑一千户；县伯，正四品，食邑七百户；县子，正五品，食邑五百户；县男，从五品，食邑三百户。唐人认为封爵制度始于黄帝时期，但是夏商的制度已经无法考证，因此唐人的观点只能说是一个猜测而已。现在我们所知的封爵制度是从西周开始的。西周时期建立封建制度，“列爵惟五，分土惟三”。所谓的“列爵惟五”，就是公、侯、伯、子、男五爵；所谓的“分土惟三”，是指天子封土于诸侯，诸侯封土于大夫，大夫封土于士。到了商鞅变法之后，建立二十等爵制度，汉朝又增加了王爵。隋朝才开始设立王、公、侯等制度，又为唐代所继承。

封爵制度，可以说是先秦封建制度的遗存，但相比封建制度已经有了很大的区别。在先秦时期，由于生产力的低下，没有更多的道路和交通手段。所以，距离君主比较遥远的地方，难免会因为消息传递不畅通而不容易管理，所以才会委派亲戚或功臣在偏远地区封邦建国，来帮助天子进行管理。所以说，封建制度是建立在生产力条件低下这一基础之上的。所以《尸子》中说子贡问孔子：“古者黄帝四面，信乎？”但是这绝不是说黄帝长了四张脸这个意思。孔子回答道，“黄帝取合己者四人，使治四方，不计而耦，不约而成，此之谓四面”，也就是说黄帝派遣人员去四方进行地方治理。在秦汉统一之后，生产力得到了极大的发展，又在全国范围内修建了驰道，可以供给人们骑马快速通行，所以封建制度就失去了存在的根基。汉初的时候，诸侯王的爵位、封地都是由嫡长子单独继承的，其他庶出的子孙得不到尺寸之地。但是，绝大多数诸侯王不会只有一个儿子。比如自称刘备后裔的中山靖王刘胜，有一百二十多个儿女。在众多的子嗣之中，总会有些是诸侯王所偏爱却没有继承权的。于是，在汉武帝元狩二年（前 121）正月，采纳主父偃的建议，颁行推恩令。推恩令规定，诸侯王除了让嫡长子继承王位外，其余的庶子在原封国内封侯，新封侯国不再受王国管辖，直接由各郡来管理，地位相当于县。于是，各个王国越分越小，最终消失。

唐代延续了推恩令中所说的“降封”制度，规定皇兄弟、皇子封亲王，亲王的继承人封嗣王，皇太子的诸子封郡王，亲王之子有特殊恩泽的也封郡王，亲王诸子封郡公。嗣王、郡王及特封王的继承人降封国公。

# 后　记

在接到耿元骊先生关于“唐朝往事”系列丛书之一，《唐朝官制：三省六部建典范》一书的写作任务时，笔者的内心是十分惶恐的，其中原因有三：

首先，此前笔者从未系统做过官制相关研究。作为一名中古历史文献、石刻研究者，虽然唐代官制是中古制度史研究的重要组成部分，但是笔者没有专门写过任何一篇唐代官制研究的文章，所以生怕积累不足。

其次，学术界关于唐代官制的研究已然汗牛充栋，不可计数。而学术界写作文章，没有任何新意的话这篇文章就是不能成立的。诸多贤达珠玉在前，想要提出一些新的观点，是何等的困难。

最后，制度史本身就是一个非常枯燥乏味的研究课题，官制又是尤其的枯燥。作为科普性读物，自然是要兼顾趣味性的。想要把官制讲得透彻，又要生动有趣，这是一件非常困难的事情。

虽然有如此多的现实问题，却仍然硬着头皮写下了如此多的文字。在深感自己的写作毫无创新性之余，也要郑重提出，因本书是一部普及读物，根据统一规则，本书没有添加任何脚注、尾注。但是在文中，笔者大量总结、使用了学界许多前辈学者如王素、陈仲安、张国刚、吴宗国等先生的观点，内心惴惴不安，惶恐惶恐。理应加以说明，并向学界前辈致敬！

李 航